JN058401

まつもとたくお

TAKUO MATSUMOTO

K‐POPはいつも
壁をのりこえてきたし、
名曲がわたしたちに
力をくれた

K-POP HAS ALWAYS OVERCOME
DIFFICULTIES, AND GIVE US POWER.

イースト・プレス

は　じ　め　に

"ビビンバ的発想" が世界を魅了する

2020年は新型コロナウイルスの感染が拡大した年として一般的には記憶されるだろうが、K-POPファンにとっても忘れられない年となった。

7人の韓国人男性からなるグループ・BTS（防弾少年団）のシングル「Dynamite（ダイナマイト）」が、米ビルボードのシングルチャート・ホット100でトップに輝いたのだ。これはアジア出身の非英語圏アーティストとしては57年ぶりの快挙であり、坂本九の「上を向いて歩こう（英語タイトル：SUKIYAKI）」以来だという。

さらに同曲は第63回グラミー賞で「最優秀ポップデュオ／グループパフォーマンス」部門にノミネートされ、国内外の注目を集めた。惜しくも受賞とはならなかったが、候補に挙がっただけでも快挙と言えよう。

彼らの活躍については、当然のことだが称賛の声が圧倒的に多い。SNS上では「海外の作家が作ったから記録的な

ヒットになったのでは？」「歌詞が英語だから支持された」といったコメントもあったものの、その後、メンバーがソングライティングに関わった韓国語の「Life Goes On」も同チャートで初登場1位を獲得。こうしたシニカルな意見を瞬時にして封じ込めたのが痛快であった。

　一方で他のK-POP勢の海外における人気ぶりも目立ってきた。NCT、Stray Kids などのボーイズグループは世界のいたるところに熱狂的なファンを持ち、オンラインライブを開催すれば、様々な国と地域から観客が集まってくる。ガールクラッシュ（女性が憧れる女性）を代表する4人組・BLACKPINKは、シングルやアルバムを発表するたびにワールドワイドなヒットを記録していく。

　K-POPはついに世界に通用するジャンルになった──。多くの人たちがそう実感したのが2020年だったと思う。

　では、なぜこれほどまでにK-POPは愛されるのだろうか？
　その問いに対する回答はいくつもあるに違いないが、個人的に見逃してはいけないと痛感するのが "迷いのない姿勢" だ。これはK-POPの美学とも呼べるもので、現在のサ

ウンドの原型ができた1990年代前半からBTSが活躍する
現在まで一貫している。

　韓国の音楽関係者は何事にも「ひらめき」や「勢い」を
大切にする。そのときのトレンドを取り込み、他にも感覚
的に良いと思ったものはどんどん入れてミックスする。
　韓国の知人が「韓国文化はビビンバに似ている」といっ
ていたが、確かにそうだと思う。ほうれん草やニンジン、も
やしなど、どこの国でも買えるものしか使っていないが、そ
こにコチュジャンやゴマ油を入れてぐちゃぐちゃにかき混
ぜて食べると、独特の味わいになる。
　K-POPも楽曲制作を筆頭に、すべての作業においてこの
ビビンバ的な発想がベースになっているのではないか、と
いうのが持論だ。

　私がK-POPの美学を最初に味わったのは、忘れもしない
1997年の暮れ、韓国の音楽番組『SBS人気歌謡』をたまた
ま観たときである。オープニングに登場したのは6人の少
年たち。演歌のようなメロディなのにリズムはアップテン
ポで音色は派手、歌詞では男らしさを強調しつつも、ビジュ
アルとダンスは能天気に明るい。

続いて現れたのは同じくボーイズグループ……のようで、バックダンサーが多すぎて何人組なのか特定できず。こちらは先ほどの少年たちより硬派に見えたが、どのメンバーもヘアスタイルが独特だった。サウンドは当時すでに廃れていたユーロビートで、それなのに「これが俺たちだ！」と自信たっぷりに歌って踊っているのにも驚いた。

早速ネットで調べたところ、前者はSECHSKIES（ジェクスキス）、後者はH.O.T.（エイチオーティー）。どちらも韓国で絶大な人気を誇る10代のアイドルである。

グループとしてのインパクトの大きさもさることながら、彼らのファンがかなり過激という話も興味深かった。同時期、日本のK-POPマニア向けに発行されていた雑誌にH.O.T.のライブレポートが掲載されていたが、次の文章を読んで衝撃を受けたことをいまだにはっきりと覚えている。

「事件はそのとき起こった。なんとH.O.T.のオッパ部隊（熱狂的なファンの集まり）がコンサート会場のシャッターを壊してH.O.T.の控室に潜入し、ステージから戻ったメンバーの顔にアタックしたようなのだ。メンバーのうちの誰かはわからないが、顔を押さえ、ぐったりしてマネージャーにおぶられ運び出される。（中略）その後も係員とオッパ部隊

は、半分壊れてその気になれば1人は通り抜けられそうな状態のシャッターを間にはさんで言い合いをしていた。シャッターを蹴り上げるオッパ部隊。係員は『何を蹴ってんだ!』と怒鳴る」(韓国広場メディア事業部発行『Korean Music Vol.2』より)

　これはパンクバンドのファンではない。"アイドルグループ"のファンなのだ。しかも海外といっても日本のすぐそばにある韓国での話である。

　その事実に興奮した私はすぐにK-POPの虜になった。現在もなお聴き続けているが、いまだに飽きないのを自分でも不思議に思う。

　それはなぜなのかとよく考えるが、やはり「ひらめき」や「勢い」にいちいち驚かされるのが、相当楽しいのではないかという結論にたどりつく。複数のコンポーザーが作った音の断片を組み合わせる大胆な楽曲制作しかり、前述のBTSの海外制覇しかり。日本ではレアな体験がK-POPではたっぷりと味わえるのだ。

　K-POPと呼ばれるサウンドスタイルの原型は、1992年に登場した男性3人組のソテジ・ワ・アイドゥルが作った

とみる人が多い。以来30年近く時が過ぎたわけだが、その間に星の数ほどの歌手が登場し、残念ながら大半が消えていった。

　通常は売れているアーティストに目が行きがちだ。しかしながら、K-POPの場合は売れようとして売れなかったB級アーティストもかなり面白い。

　人目を引こうとコンピューターグラフィックスの女性をメンバーにしたグループがいたり、ビジュアル優先でメンバーを集めて、歌唱力は影武者（＝スタジオシンガー）にまかせたり、幼稚園児や小学生に大人っぽいダンスをさせたり……と、例はいくらでもあるが、このように"見た目重視"のわりに肝心のサウンドも聴き応えがあったりする。そんなちぐはぐした感じもK-POPの隠れた魅力の1つになっているのだ。

　K-POPからは、今これをやったら受けるんじゃないかという野心や、良い楽曲を作りたいという熱量が一音一音から伝わってくる。ユーロビート、ハウス、テクノ、ヒップホップ、EDMと、トレンドは次々と変わっていくが、強い野心と熱量とが失われない限り、今後もリスナーを魅了し続けるだろう。

　本書ではK-POPの人気アーティストたちの人気曲や代表曲を紹介していく。私がそれぞれの曲からもらったパワーやときめきを共有してもらえたら嬉しいと思う。

　ポジティブな要素が詰まったK-POPには、人生の壁をのりこえるヒントやパワーがたくさんあるに違いない。読んでくださった方が前向きになれる何かをつかんでくれることを切に願っている。

K-POP HAS ALWAYS OVERCOME DIFFICULTIES,

AND GIVEN US POWER.

K-POPはいつも壁をのりこえてきたし、

名曲がわたしたちに力をくれた

contents
———————————

chapter

1

反抗と
10代

**時代を切り開いた
アイドルたち**

Apple Music

Spotify

chapter

2

斬新な
アイデアと
コンセプト

K-POP大航海時代を
サバイブする
アーティストたち

Apple Music

Spotify

chapter

3

ガール
クラッシュ

ジェンダーと
社会通念への挑戦

Apple Music

Spotify

chapter

4

オーディション

K-POP人気を
支える多彩な番組

Apple Music

Spotify

chapter

5

K-POPの
その先へ

未来を描く
アーティストたち

Apple Music

Spotify

chapter

6

花咲く
インディーズ
カルチャー

多彩な魅力で
聴かせる
アーティストたち

Apple Music

Spotify

反抗と10代

chapter 1

時代を切り開いたアイドルたち

　K-POPアイドルのひな型は、東方神起や少女時代を輩出した韓国の大手芸能事務所・SMエンターテインメントのイ・スマン総括プロデューサーが作ったとされる。1990年代後半、彼は新しいタイプの国産アーティストを育成しようと考えた。そこで参考にしたのが、アメリカや日本の10代のアイドルたちだったのである。

　とはいえ、実際に取り入れたのは練習生制度であったり、洋楽的なセンスであったりと、ごくわずかだったように思う。そうした要素を加えつつ、イ・スマンが作りたかったのは、“1318世代（13歳から18歳までの若者）”向けのアイドルに他ならない。

　当時の韓国社会は海外でも通用する競争力を身につけようとしていた時期であり、当然のごとく中学・高校での教育も、良い大学と良い会社に入るのが主な目標になっ

ていく。教えられる側にとっては、勝ち残っても、落ち
こぼれてもストレスのたまる日々。それはやがて校内暴
力やいじめといった社会問題を生むきっかけにもなって
しまう。

　イ・スマンはこうした現状を見て、彼らの心情を代弁
してくれるアイドルの必要性を痛感。その第一弾として
H.O.T. という男性5人組をデビューさせたのだ。

　狙い通りに中学生・高校生のカリスマ的な存在となっ
たこのグループは、最初こそ所属事務所主導でコンセプ
トやビジュアルを決めていたが、徐々にメンバーが主導
権を握るようになり、歌詞やサウンドを通じて自分たち
の思いを世の中に訴えるようになっていった。

　同世代の歌手が自分たちのことを歌ってくれる——。
1318世代の圧倒的な共感に支えられて、K-POPのメイン

ストリームはH.O.T.のようなティーンエージャーのアーティストたちが大半を占めるようになり、それは現在もなお続いている。

　10代を取り巻く状況は、H.O.T.の誕生から20年以上たった今も違いはほとんどない。競争社会は変わりなく、長引く不況で安定志向が高まったのか、良い大学と良い会社に入りたいと思う傾向はさらに強まっているようだ。

　K-POPシーンも同様である。1996年に楽曲を事前に検閲する国の制度が無くなり、以降はどんな表現をしても大丈夫かに思えたが、国のチェック機能は形を変えて残っている。ラジオやテレビは「未成年に悪影響を及ぼさないかどうか」という基準で曲をセレクトする場合が多いため、アーティストの創造性を十分に発揮できる環境とはいい難い。

　そんな中で新しいことを試すのはそれなりにエネルギー
が必要である。ましてやチャレンジするのが10代の若者
であれば、並大抵の努力と精神力ではなかったはず。

　この章ではK-POPの歴史の中で、今までになかった魅
力やあり方をアピールした歌手について触れてみたいと
思う。旧態依然とした枠組みの中で自分たちの美学を貫
いた韓国の10代は、想像以上にタフであなどれないのだ。

あの未来へ逃げよう

—— BTS「Life Goes On」

BTS

１０代の抑圧の表現者から
世界へ躍り出たK-POPアイコン

　BTSは、2020年8月に発売した「Dynamite」のメガヒットでファン層を広げることに成功した。私の周りでも、「彼らって本当に歌とダンスがうまいよね」「この曲でようやくK-POPにはまった」という声が本当に多い。
「では、次は何を聴いたらいいの？」
　最近はこの質問が増えてきているが、正直なところ返答するのに困っている。実は「Dynamite」は、彼らにとっては"番外編"であり、異色のサウンドなのだ。

　コロナ禍にさらされた世界中の人々に元気になってもらいたいとの思いで準備した同曲は、華やかなディスコミュージックを採用し、歌詞も限りなく明るい。
　だが、BTSは通常こういうタイプの曲をあまり手掛けない。彼らが最も得意とするのは、10代の抑圧を表現する"陰影のあるポップス"だ。

その作風を確立したのは『花様年華』シリーズだとする
見方に異論を唱える人はほとんどいないだろう。2015年か
ら翌年にかけて3部作としてリリースした本作で、それま
でのメッセージ性の高いヒップホップから少し距離を置き、
ポップな路線にシフト。青春のきらびやかさよりも不確か
な未来に対する危うさを歌い上げ、同世代の共感を得る。

狂ったように走っても、また元の場所にいるだけ

僕に息をさせてくれ　　　　　　　　　　——「RUN」

これは同シリーズの代表曲といえる「RUN」の一節だが、
人間として成長しているのかどうかわからない苛立ちと、そ
れでも進まなくてはいけないという思いが交差する青春期
をこれほど的確に表現した曲は、そうそうお目にかかれる
ものではない。
　以降もBTSは誘惑をテーマにした『WINGS』や、自分
自身を愛する心を持ってほしいと訴える『LOVE
YOURSELF』シリーズといった充実したアルバムを次々と
発表していくが、どんな題材であっても常に心の奥底にあ
るものをストレートに出していく作業を通して、現在と未

来を見つめ直すことを重要視する。

　だが、こうした彼らの創作活動におけるスタンスが昔から幅広い層に知られていたかといえばそうではない。一般に認知され始めたのは、2020年秋から冬にかけて大ヒットした「Life Goes On」がきっかけではないかと思うのだ。

　同曲はコロナ禍での不安な気持ちをつづりながらも「あの未来へ逃げよう」と前向きに語りかける。こうした視点は実は『花様年華』の頃から一貫していることに気付くだろう。

　新型コロナウイルスが暗い影を落とした世界を自分たちのスタイルで照らし、しかもそれが記録的なヒットに結び付く。誰も到達できなかった地点にBTSは軽いフットワークでたどりついてしまった。故にさまざまな社会問題の矢面に意図せず立つこともしばしば。しかし、どんな壁をものりこえ、K-POPの未来を開拓しているのは間違いなく彼らである。

H.O.T.

後 輩 た ち へ し っ か り 受 け 継 が れ た
パ イ オ ニ ア 精 神

　10代の抑圧の表現者としてK-POPシーンの最前線に躍
り出たBTS。そのルーツを探ると、H.O.T.という1990年
代後半に活躍した5人組にたどりつく。

　彼らの一連のヒットナンバーは、Stray KidsやTHE
BOYZといった今をときめく人気アイドルたちにカバーさ
れる機会も多く、テレビのオーディション番組でも課題曲
に選ばれたりするので、グループ名を知らなかったとして
も、曲を聴いたことがある人は意外と多いかもしれない。

　H.O.T.は"High-Five Of Teenagers（10代の勝利）"を略し
たもので、10代後半の若き男性たちによって結成。1996年
にリリースしたデビュー曲「戦士の末裔（暴力時代）」の大
ヒットでいきなりスターダムにのし上がった。

　この曲は親しみやすい要素がほとんどない。ウッドベー
スによる重苦しいフレーズやハードなギターサウンドが聴

き手の心をかき乱し、キレのいいラップでいじめが蔓延する世の中の深刻さを訴えたかと思えば、突如不安をあおるような音で終わってしまう。

　にもかかわらず「売れた」のだ。しかも社会現象となるぐらいに、だ。まさに時代が求めていた音だったのである。その理由を語る前に、ソテジ・ワ・アイドゥル（以下、ソテジ）という男性3人組について触れなくてはならない。

　健全な歌謡曲が主流だった1992年に颯爽と現れたソテジのスタイルはとにかく衝撃的だった。ブラックミュージックから大きな影響を受けたトラックに、メッセージ性の高い歌詞と畳みかけるような母国語のラップ、そして激しいダンスなど、すべてが"前例なし"。

　当初はそのあまりにも斬新なスタイルにとまどう者も多かったが、すぐに10代の圧倒的な支持を得てファーストアルバムはミリオンセラーに。また、保守的な大人たちから「風紀を乱す」と批判を浴びたヒップホップ的なファッションを最後まで貫き通すなど、彼らは音楽以外でもアグレッシブだった。だがしかし、人気絶頂の1996年にグループは突如解散。それと入れ替わるように登場したのがH.O.T.だったのである。H.O.T.はソテジがいなくなった

穴をジャストタイミングで埋めたというのもあるが、20代
のソテジの音楽性をティーンエージャー向けによりわかり
やすくアップデイトした点や、「はじめに」で紹介した、過
激なファンを生み出すほどの熱狂を呼び起こした（当時の彼
らの人気ぶりはドラマ『応答せよ1997』でも描かれている）ことが、
歴史的な成功につながったといえるだろう。

　グループは自作曲を徐々に増やし、さらに自己主張して
いくものの、やはりアイドルとしての賞味期限は短い。2001
年には活動を休止してしまう。

　　僕の人生は本当に厳しい　──「**戦士の末裔（暴力時代）**」

　彼らの代表曲にはこのようなフレーズが出てくるが、オ
ンリーワンの道を歩むことは容易ではないのは確かだ。だ
からこそあえて行くべき価値があるのは、その後、多くの
後輩たちが証明してくれている。

　最近、BTSがこの曲を歌い踊っているステージをYouTube
で観た。自分たちのオリジンであるグループをリスペクト
するメンバーらは、心なしか嬉しそうに見えた。

僕 の 人 生 は

本 当 に 厳 し い

── H.O.T.「戦士の末裔 (暴力時代)」

SECHSKIES

H.O.T. のライバルが歩んだ
極上かつ孤高の道

　　H.O.T. の大ブレイクでK-POPシーンは低年齢化が加速。
1998年頃になるとソロシンガーもグループも10代が増え、
それを聴く側も10代が中心となる。

　　H.O.T. はソテジの遺伝子を引き継いだグループらしく、
ヘヴィメタルやヒップホップといった様々なジャンルを取
り入れたハイブリッドな音楽性を持ちながらも、ファッショ
ンやメイクには日本のビジュアル系バンドや韓国の伝統的
な色彩を取り入れるなど、それまでにない新しさがあった。

　　彼らのライバルとなるにはそれ相応のインパクトが必要
だったが、1997年4月に現れた男性6人組・SECHSKIES
（ジェクスキス）はH.O.T. が持っている各要素をデフォルメし
たような音楽性とビジュアルで差別化を図り、大成功を収
めている。

　　デビュー曲「学園別曲」は、競争社会の中でもがく高校

生が主人公の曲だ。

　　音楽、美術は後回しにして／国語、英語、数学を優
　　先してやってこそ／認められて一流大学に行ける

　　音が出ない電話のように／無表情で世の中を生きている
　　／学校のチャイムが鳴れば／僕らの戦争はまた始まる
　　　　　　　　　　　　　　　　　　　——「学園別曲」

　このように同世代の苦悩に寄り添った歌詞やラップと、朝
鮮民謡の代表作「アリラン」を取り入れたアクの強い作風
は、明らかにH.O.T.を意識したものであるが、取り込み方
が表面的で深みがないところが逆にグループの個性となっ
ていたのが面白い。

　そんな彼らの良さを限界値まで引っ張り出したのが、後
続曲（セカンドシングル扱い）の「男の行く道（ポムセンポムサ）」
だ。1960年代の欧米のガレージロックを思わせるチープな
ギターやオルガンを挿入したダンスポップで、メロディラ
インはトロット（日本の演歌に似たジャンル）という不思議な組
み合わせ。さらに「学園別曲」の深刻なムードはどこへ行っ

たの？　と思うほどハイテンションなパフォーマンスが加わる。

　ちなみにサブタイトルの「ポムセンポムサ」は日本語に訳すと「フォームに生きフォームに死す」。格好をつけるために見栄を張ることを韓国ではこのようにいう。となると、歌詞の内容もおのずとこのようになってくる。

　　たださよならといって痛む涙をこらえながら／彼女を置いて背を向けた／最後の後ろ姿は俺が見ても良かった

　　裸でぶつかった俺の人生に／それしきの別れくらい何でもない　　　　　　　　　　　——「**男の行く道（ポムセンポムサ）**」

　このような「男らしい」歌詞をカラフルな衣装に包まれた6人の男性がとんで跳ねながら歌う。それは他の国では観ることができないであろう、不思議な光景だった。H.O.T. と SECHSKIES。彼ら自身がのりこえ、切り開き、聴く者に力を与える K-POP は、この2組の活躍で独自の進化を遂げていく。

S.E.S.

海外でも通用する歌手を目指した
女性3人組

　振り返ってみると、1990年代後半のH.O.T.と
SECHSKIESをはじめとする10代のアーティストの快進撃
は、当時の大人たちにとっては好ましくない現象だったと
思う。何よりも自分の子供たちがコンサートのために学校
を休んだり、勉強をおろそかにしたりすることが腹立たし
かったし、魅力そのものがまったく理解できなかっただろ
う。伝統的な美をわざと壊したような衣装や奇抜な髪型は
もちろん、ラップが多めのメロディなど、どこを取っても
「何がいいの?」と否定する大人が大半だったに違いない。

　そうした若い世代と大人の溝を埋めるべく颯爽と登場し
たのが、S.E.S.(エスイーエス)だった。H.O.T.で大きな成功
を収めた芸能事務所・SMエンターテインメントが育成し
た女性グループで、10代の女性3人で結成された。1997年
末に登場直後に、ビジュアルとレベルの高いパフォーマン

スで一世を風靡している。

　彼女たちの人気がピークだった頃、私は仕事で韓国をた
びたび訪れていたが、現地では性別・年齢を問わず、
S.E.S.について好感を持っている人が多かったような記憶
がある。それはひとえに洗練されたサウンドとビジュアル
のおかげだ。

　TLCやボビー・ブラウンといったアメリカのアーティス
トを参考にしたと思しき曲作りとファッションは、不良っ
ぽさとはほど遠く、健康的で爽やかに映った。マライア・
キャリーを彷彿とさせる歌唱力を持つパダ、グアムで暮ら
した経験もあるユジン、日本育ちのシューというメンバー
構成も、当時の人々に今までとは違う何かを期待させたの
かもしれない。

　彼女たちは1998年10月、シングル「めぐりあう世界」で
日本上陸を果たしている。

　韓国で国民的な人気があるガールズグループが日本に進
出するのは、S.E.S.が初めて。同曲は希望にあふれたフレー
ズが印象的だ。

地球儀を回せば数知れない道があり／僕らはきっと出

会える

傷付くこと恐れない／勇気抱き締め歩き続けるよ

　　　　　　　　　　　　　──「めぐりあう世界」

　しかしながら健闘むなしく、周囲が期待するほどの成功
を収められないまま日本からは撤退してしまう。
　S.E.S.は結成20周年を翌年に控えた2016年末、再結成を
果たした。そのとき開催した単独コンサートで披露したの
は韓国語のナンバーのみ。日本語曲を取り上げなかったの
は、日本での活動が苦い思い出だったからかもしれない。
　とはいえ、のちに東方神起や少女時代といった事務所の
後輩たちが日本でトップスターになれたのは、S.E.S.が道
なき道を切り開いた結果と見る人は多い。世界的なK-POP
ブームへの入口を作った3人の女性たちの功績はもっと語
られていいはずだ。

B o A

後 進 の 海 外 進 出 の 良 き お 手 本 と な っ た
K - P O P の 先 駆 者

　S.E.S.は日本デビューした当初、テレビや雑誌などで「韓国のSPEED」と紹介されるケースが多かった。ご存じの方が多いかもしれないが、SPEEDは当時のJ-POPシーンの最前線に立つ女性4人組で、ローティーンとは思えないほどの力強いボーカルとダンスが最大のセールスポイントになっていた。正直なところ、両グループの共通点はあまり多くないのだが、S.E.S.を売り出すにはキャッチーな宣伝文句が必要だったわけで、それほど当時は韓国のアーティストの日本進出は難しかったということである。

　「すでにある何かに寄せないと日本でブレイクしないのか？」。この問いに即座に「ノー」と答えたのが、女性シンガーのBoA（ボア）だ。

　10代はじめでスカウトされ、約2年間の準備期間を経て

2000年夏に韓国デビューを果たした彼女は、翌年5月に日本に進出。この前後に取材した知り合いのライターによると、「笑顔のかわいい素朴な少女で、将来スターになるとは思っていなかった」そうだ。

　だが、BoAはSMエンターテインメントがワールドワイドな成功を夢見て発掘・育成したアーティストである。韓国で人気者になるとすぐにアメリカおよび中華圏のマーケットを意識したアルバムを発表するなど、早くから目線の先には海外があった。

　では、日本ではどのように勝負していくか。S.E.S.のように既存のJ-POPアーティストのイメージに近づけるのはもうできない。韓国からやってきた人気シンガーとあおるのも、出稼ぎ感が出てしまう。

　韓国の歌手であることは隠さないが、あえて前面に出す必要もない。女性らしさを強調せず、かといって男性らしく振る舞うのもおかしい。とにかく国や性別を超えた歌とダンスを見せるだけ──。そういう戦略に打って出たわけである。

　常に自然体で生きるBoAの姿は、今ならまさに"ガール

クラッシュ"なのだが、当時はそんな言葉が存在しなかっ
たということだけで、彼女の立ち位置がいかにレアだった
かわかっていただけるだろう。

こうした見せ方は、2002年1月にリリースした日本での
4枚目のシングル「LISTEN TO MY HEART」で実を結ぶ。

向かい風 その向こうにどんな未来画を瞳細め描くの?

求めるその場所は自由なの?　孤独なの?
　　　　　　　　　　　　　——「LISTEN TO MY HEART」

未知への挑戦にともなう期待と不安がにじみ出た歌詞で
はあるものの、同曲はオリコンウィークリーランキングで
トップ10入りに。先輩のS.E.S.が夢にまで見た日本での成
功をようやく手に入れた瞬間であった。BoAのイメージ戦
略は後輩たちの良きお手本となって引き継がれていく。そ
の正統な後継者とされるのは、少女時代やRed Velvetであ
る。

KARA

庶民的なイメージで
日本の"お茶の間人気"を獲得

　2010年に日本に進出した女性5人組のKARA（カラ）は、
BoAとはまったく違う方向性で大きな成功を収めた、最初
のケースといえよう。

　彼女たちは活動を開始してしばらくの間は不遇だった。
2007年に韓国でデビューしてから1年ほどはヒット曲に恵
まれず、メンバーの脱退などもあって、翌年には早くもグ
ループの存続に黄信号がともってしまう。
　それを救ったのがメンバーの中でいちばんの努力家と呼
ばれるハン・スンヨンだ。

　彼女はKARAの知名度を上げるために、1人でケーブル
テレビ局を中心に多くの番組に出演したが、のちに
「有名ではないということを強調して笑いのポイントを作
らなければならなくて、大勢の人の前で発表する予定がな

い曲を歌ったりしたことも……。プロデューサーから『君
たちは有名ではないから、こんな大変なことでもすべてや
らなければだめだ』と繰り返しいわれました」

　と、韓国・SBSのトーク番組『強心臓』(2009年11月3日放
送)で語っており、かなりつらい思いをして日々がんばっ
ていたようだ。

　しかしながら、日本の活動においてもこうした涙ぐまし
い努力がプラスに作用するとは本人も思わなかっただろう。
進出前からある程度の日本人ファンを獲得していたとはい
え、KARAが当時の日本で国民的な人気を獲得できたのは、
抜群のトーク力と人懐こさがあったからこそ、である。

　グルメ番組では見慣れない料理をほおばり、「韓国にはな
い味だけどおいしい!」とはしゃぎ、地方番組やライブツ
アーなどではその土地の方言や流行り言葉を積極的に使う
などして、"お茶の間人気" を手に入れることに成功したの
だ。

　当時の受容のされ方については是非を問う必要があるが、
「韓国からやってきた女の子が、日本の生活・文化に必死に
とけこもうとする姿」が好印象につながり、老若男女から

愛されるようになったのだろう。

　楽曲の親しみやすさも、幅広い層から受け入れられるきっ
かけとなったに違いない。中でも日本デビュー曲の「ミス
ター」は、その最たる例である。

　　シャイな笑顔 優しい声も／独り占めさせてよ 私に

　　　　　　　　　　　　　　　　　　──「ミスター」

　KARAは短期間でNHK紅白歌合戦の出場を決め、東京
ドームに立つ夢も実現できた。「ミスター」のこのフレーズ
通り、日本のファンを「独り占め」できたのだ。

　だが、幸せな時間は長くは続かない。程なくしてメンバー
が相次いで脱退。メンバーを補充して引き続きがんばった
ものの、かつてのオーラは取り戻せずに解散してしまう。

　アイドルを続ける難しさも伝わってきたグループであっ
た。

SHINHWA

信念と結束力の強さは
古い枠組みを破壊する

　今まで紹介してきたのは、主に音楽やビジュアル面で常
識の壁をぶち破ってきたアーティストだが、このあたりで
視点を変えて、芸能界で通用しているルールに縛られずに
自分たちのやり方を貫き通したグループを紹介したい。

　SHINHWA（神話／シンファ）という男性6人組は、古い
K-POPファンなら大半の人が知っているだろう。彼ら
は"H.O.T.の弟分"として1998年に登場。デビューから2、
3年目までは、そのキャッチフレーズの通りのメイクと
ファッションだったせいか、グループならではの個性が見
つけられないままだった。しかし4枚目のアルバム『HEY,
COME ON!』を出した頃から、ビジュアルよりもサウン
ドとパフォーマンスを重視するようになっていく。本作に
収録されているヒット曲「Wild Eyes」は当時のメンバーの
心境を端的に現しているのではないだろうか。

　大きな試練が残した傷跡だけが俺を作り上げた／誰も
俺を止められない／消したのさ　昔の俺は／また会うこ
とになるだろう／想像もできなかったような俺の姿に

――「Wild Eyes」

　推測の域を出ないものの、この歌を出した時期は待遇面
での不満や自分たちの将来に対する悩みがSHINHWAには
あったのだろう。さらにメンバーの１人、アンディがビザ
問題で一時的に活動ができなくなったことも重なり、なん
とかして現状をのりこえたいという強い思いを歌と踊りで
表現しているような気がしてならない。

　本作をリリースしてから２年近くたって所属事務所・SM
エンターテインメント（以下、SM）との契約が終了した彼ら
は、SM出身のマネージャーが設立した別の事務所と専属契
約を締結し、メンバーチェンジなしで活動を再開する。
　ちなみに現在の韓国では、所属事務所とアーティストの
契約期間は最長で７年となっている。しかし、SHINHWA
がSMと契約を交わしていた時期はそんなルールはなく、契
約内容も今と比べものにならないほどラフなものだったよ
うだ。メンバー全員がなんとかしたい気持ちになったのは

当然の流れだろう。

　その思いがさらに強まったのか、2011年には、メンバー全員が出資して「SHINHWA COMPANY」を設立。アイドルグループが自分たちの活動のために会社を作り、経営と運営にも関わるのは前代未聞の出来事だった。

　時間をかけてグループ名の商標権を獲得したこともK-POPシーンでは異例中の異例であったし、ソロ活動はそれぞれ別の事務所で行うというやり方も、グループ活動を長く続けるための最良の選択だといえよう。SHINHWAは、長寿アイドルとしてだけでなく、信念と結束力の強さで自分たちの幸せを勝ち取ってきた点においても、多くの後輩たちからリスペクトされているグループなのである。

　彼らのニュースは結成から20年以上たった現在もひんぱんに届く。2020年はメンバーのチョンジンの結婚が大きく報じられた。SNSなどを見る限り、ファンも祝福しているようだ。結婚してもアイドルを続けられることも、後輩たちに〝夢と希望〟を与えているのかもしれない。

斬新な
アイデアと
コンセプト

K-POP大航海時代を
サバイブするアーティストたち

　韓国の大衆音楽をK-POPと呼ぶようになったのはいつごろだろうか。

　始まりは単純に「J-POPというのがあるから、じゃあ中華圏のポップスはC-POP、タイはT-POP、そして韓国はK-POPだね」といった感じだった。諸説あるが、たぶん1999年前後の話だったと思う。もちろん一般的に普及していたわけではない。一部のマニアが使っていただけだ。私がK-POPというようになったのも、21世紀に入ってからだったと記憶している。

　それから20年余り。今や世界中の誰もがK-POPというようになった。となると、音楽ファンだけでなく、一般の人の素朴な疑問に答える場面も増えてくる。

「K-POPって他の国の音楽とどこがどう違うんですか？」

　この質問に答えるのは、なかなかに難しい。

　J-POPがそうであるように、K-POPにもロックやバラード、ヒップホップ、ソウルミュージック、EDMなど多彩なジャンルが含まれており、「これがK-POPだ！」と言い切れるような音はないに等しいのだ。

　それでも動画配信サービスが普及していなかった時期、すなわち海外の人がチェックするのは大変だった頃のK-POPには、chapter1で紹介したH.O.T.やSECHSKIESに代表されるような"独特のにおい"があったのは事実だ。

　たとえば、海外へ旅行した時に、日本で普段飲んでいる味をイメージしながらドリンクを飲むと、やけに薄かったり、砂糖が入りすぎだったりすることがある。「現地の人の好みは違うなあ」と実感したことがある人は意外と多いのではないだろうか。

　2000年代前半までのK-POPもそれに近いものがあった。

一音一音のセンスが異なるといえばいいのか、「こうい
う音を使ったほうがかっこいい」という感覚が日本とは
全然違う場合が多かったのである。個人的にはそれが魅
力的に感じられたが、海外で注目されるようになると、独
特のにおいは徐々に薄まっていき、ついには無臭になっ
てしまった。

　是非はともかく、2000年代後半からのK-POPは、韓国
以外の国に住む人たちの好みも意識しなければならない
宿命を背負ったのである。

　それと同時にリスナーの層が広がったことで市場は活
性化し、競争も激化。特にアイドル系のグループやシン
ガーのデビュー数は年々増えており、サバイブするのは
至難の業だ。

では具体的にどうすればいいのだろう？

　奇抜なアイデアで勝負すれば良いのか、ビジュアルを
ブラッシュアップしていくべきか、それともサウンド面
で海外のトレンドを意識していくのがベターなのか――。
答えは無数にある。

　この章では、K-POP大航海時代をサバイブして人気を
つかみとったアーティストを紹介していこうと思う。道
なき道を選んだ彼ら・彼女らを知ることは、私たちが日々
を生きていく力になるはずだ。

S H I N e e

時 間 を か け て 完 成 し た ボ ー ダ ー レ ス な 魅 力

　2021年2月、男性4人組のSHINee（シャイニー）が新作を携えて正式にカムバックした。約2年6か月ぶりのアルバムリリースである。グループの久々のステージは、相変わらずとてつもないオーラを放ち、彼らが本物のスターであることを再確認させてくれた。

　SHINeeの魅力を語るとき、2つの重要なポイントがある。まず1つはボーダーレスな美意識がとても強いことだ。例えば以前、韓国のメディアがメンバーのテミンのソロコンサートを次のように紹介している。

　「よく"ジェンダーレス"といわれるテミンのダンスは、実際に性別だけでなく多くの境界を消している。少年と成人の境界、アイドルとアーティストの境界、ダンスとアートの境界まで」（『クッキーニュース』2019年3月18日付の記事より）

　この点に関しては他のメンバーも同様だ。グループは常

にテンションの高いパフォーマンスを見せてくれるが、そこにはあらゆる境界線を取り払った美しさがある。惜しむらくは、ジョンヒョンの不在である。ソングライティングの才能にあふれ、表情豊かなボーカルで定評のあるメンバーだったにもかかわらず、2017年に逝去。もし彼がいたならばSHINeeはより輝いたと思うと、早すぎる死が残念でならない。

　もう1つ忘れてはいけないのが、極めて高品質なオリジナル曲だ。所属事務所のSMエンターテインメントは、海外の有能なコンポーザーやトラックメイカーを次々と発掘し、複数人で曲作りをさせるやり方を得意としているが、そのシステムを積極的に活用して自分たちのスタイルをいち早く完成させたのが、SHINeeだったのである。

　代表的な作品としては、2010年にリリースした「Lucifer」があげられよう。同曲はラップと歌の中間のような独特のサビが強烈な印象を残すダンスポップで、どこがAメロでBメロなのかすぐに判断できない曲の構成は、当時のK-POPシーンではめずらしかった。手掛けたのは韓国人1人と3人の外国人作家だ。

　他にも、2つの曲を合体させるという斬新な発想で作った「Sherlock・シャーロック（Clue＋Note)」（2012年）や、1980年代初頭にイギリスで流行したファンカラティーナを取り入れた「Romance」（2015年）など、作曲者の欄に複数の外国人作家の名前が載っている作品は多い。

　こうした楽曲が醸し出す"無国籍感"も、SHINeeのイメージ作りに貢献している。歌やダンスをはじめ、（プライベートを含む）ビジュアル面までもボーダーレスな美意識で統一したグループは、振り返ってみれば彼らだけのような気がする。

　復帰作となった7枚目のフルアルバムのリードトラック「Don't Call Me」（2021年）は、かつての恋人に対して冷たく言い放つ男性が主人公のナンバーだ。

　　ほっといてくれないか　　　　　　　──「Don't Call Me」

　この歌詞には「既存の枠の中に入れられたくない」というメンバーたちの願いが込められていると見たが、実際のところはどうだろうか？

SEVENTEEN

DIY精神を発揮しながら
元気を届けてくれる"清涼ドル"

「13人もいるのか。大所帯だな……。売れるのかな？」

　最初はそんな感じだった。人数が多いのは過去に例があっ
たし、その方面ではすでにSUPER JUNIORというビッグ
ネームがいる。だからあまり驚かなかった。

「準備だけで4年かかった」「キュート、ウィット、ダン
ディ、セクシーなど多彩なイメージを持つグループ」といっ
たセールスポイントにもあまりひかれなかったが、たまた
ま彼らのデビュー曲「大切だ（Adore U）」（2015年）の
「Performance Ver.」を観たところ、たちどころに興味を持っ
た。

　一部のメンバーが控室や所属事務所で踊るようすを追い
かけるだけのシンプルな映像ながら、いたるところが独創
的で一瞬たりとも目が離せない。特に紙コップを4人のメ
ンバーがリズミカルな動きで取り合う冒頭のシーンはオン

リーワンの輝きがあり、とても新鮮だった。

　ネットで調べてみると、ヒップホップ、パフォーマンス、ボーカルの3つのユニットが1つのグループ内に存在していて、楽曲のプロデュースを自分たちでやっているという。
「DIY精神のあるグループなら面白いかも」
　SEVENTEENにはまったのはこのときからである。

　曲作りにおいてユニークなポイントを見出したのは、「かわいい（Pretty U）」（2016年）だった。冒頭のメロディラインは何度でも聴きたくなるほどのキャッチーさがあるものの、以降は二度と使わない。その潔さにプロの作家とは違う美学があると感心した。
　同曲のロングソファを使ったミュージカル風のライブパフォーマンスも楽しかったが、2018年のヒット曲「どうしよう（Oh My!）」での、ルービックキューブの色をそろえていくようなダンスも見応えがあった。レトロなゲーム風のイントロから着想を得たのかどうかは定かではないものの、楽曲の良さを倍増させているのは間違いない。

　歌については以前からうまいとは思っていたものの、声

の美しさにうなったのは、AOR風のアレンジが心地よい
ポップス「いいな（I wish）」（2020年）である。成就できな
かった恋心を春の季節に重ねる歌詞の素晴らしさもさるこ
とながら、1つ1つの言葉をかみしめるように歌うメンバー
の力量もたいしたものだ。

　このようにどこを切り取っても魅力的なグループだが、そ
うなったのは各メンバーのロールモデル（行動や考え方の模範
となる人）にあると考えられる。初期のインタビューで彼ら
が理想とするアーティストをあげているが、スーパースター
のマイケル・ジャクソン、韓国ロック界の大物であるユン・
ドヒョン、振付師のキーオン・マドリッド、ラッパーのルー
ペ・フィアスコなど、それぞれの理想とするところがまっ
たく違うのだ。

　この十人十色ならぬ "十三人十三色" を自力で1つにま
とめようとする「力業」こそがSEVENTEENならではの良
さではないかと思う。ファンはそこに惹かれつつ、同時に
パワーをもらっているのだろう。

　聴き手にパワーを与える曲として、2017年にリリースし
た「拍手（CLAP）」を紹介したい。

どうして自分ばかりこうなるんだって思ったり／次から
次に悩みがあらわれたり

ここに集まれ／今から／手から火をふくまで拍手

——「CLAP」

　ついていないときや悩んでいるときこそ拍手して一緒に
楽しもうというもの。シンプルなメッセージながら、性別
や世代、地域を問わず有効であり、エンターテインメント
性も極めて高い。前向きで人間味にあふれているダンスも、
観ていると明日への希望や活力がわいてくるようだ。

　SEVENTEENは"清涼ドル（清涼＋アイドル）"とよく呼ば
れる。清涼とは「すがすがしいこと」を意味するが、音の
方向性、ダンスの組み立て方、各メンバーの持ち味をどう
生かすかなど、多くの課題を難なくクリアしてしまう姿は
本当にすがすがしいと思う。
　DIY精神で最良のものを届ける彼らは、次世代アーティ
ストの理想形の１つである。

手が火をふくまで拍手

——SEVENTEEN「CLAP」

SUPER JUNIOR

ソロ活動で育んだ、
すべてを"消化できる"能力

　数年前、ソウルの取材旅行中に日本人の母娘と話す機会
があった。ふたりはSUPER JUNIORのメンバーが出演す
るミュージカルを観るために韓国に来たという。

「あのグループっていい曲がたくさんありますよね。大ヒッ
トした『SORRY, SORRY』をはじめ、どれも中毒性があっ
て覚えやすい」

　無難に褒めたつもりだったが、その母娘はけらけらと笑
いながらこう返した。

「いちばんの魅力はそこじゃないんです。彼らは他のジャ
ンルでもっと活躍してますから」

　歌手だから曲を評価するのは当然で、それを違うといわ
れるのは正直心外であった。だが、冷静になって考えてみ
ると、なるほど、SUPER JUNIORに限っては、あの母娘
のコメントもあながち外れではないなと思い直したのだ。

　ボーイズグループ・SUPER JUNIORがデビューしたの

は2005年のこと。12人編成という人数の多さで当時注目を集めたものの、それまでに登場した似たタイプのアイドルはいずれもブレイクせずに解散しており、彼らも短命に終わると見る人も多かった。

　しかしながら、SUPER JUNIORは大きな成功を収めることができた。それは、グループの活動以外も全力投球するのがグループのアイデンティティであり、同時に長く続ける秘訣でもあることを早い時期に自覚していたからである。

　メンバー独自の活動は、前述の母娘が観に行ったミュージカルをはじめ、ソロシンガーや俳優、バラエティ番組の出演・司会など多岐にわたる。グループを解散しても、それぞれが十分にやっていけるほどの人気ぶりだ。

　メンバーのシンドンはグループのあり方について次のように語っている。

「ずっと“SUPER JUNIORらしさ”について考えてきました。それがカリスマのある姿なのか、エネルギッシュなものなのか、面白さなのか……色々と悩んできましたが、今たどり着いたのは、その全てを“消化できる”能力。これが僕ららしさなんじゃないかと思っています」(ニュースサイ

ト『モデルプレス』2020年1月29日付の記事より）

　SUPER JUNIORが2015年にリリースした「Devil」は、そんな彼ららしさがストレートに伝わってくる作品なので、是非チェックしてほしい。

　この曲は実にシンプルで、基本的にギター、ベース、ドラムだけでできている。余白の多いアレンジを施し、ギミックもほとんどない。にもかかわらず、彼らのボーカルが加わると華やかさが増し、モノクロだった世界が瞬時にしてカラフルになるような気分になる。

　SUPER JUNIORの音楽性は幅広い。どんなスタイルでも受け入れるのは、キャラのたった自分たちが歌えば自分たちの色に染まることを確信しているからだ。
「Devil」の歌詞にはこんな肯定的なフレーズが登場する。

　　僕はただすべてが好きなんだ　　　　──「Devil」

　何でも"消化できる"彼らは、おそらくこの先も太く長い活動を続けていくだろう。

BIGBANG

ダンスミュージックの理想形を提示する
スーパーグループ

　海外でも人気のジャンルとなったK-POP。その理由については いろいろな立場の人が語っているが、個人的には次のコメントがいちばんしっくりくる。

「どこを聴いても曲の良さが分かる上に、リズムが立っていて乗りやすい。まさにサブスク全盛期の今、BGMにもしやすいサウンド」

　これはミュージシャンの川谷絵音が雑誌『日経エンタテインメント!』の2020年12月号でBLACKPINKのアルバム『THE ALBUM』に関連して語ったものだ。

　さらに彼は「J-POPでは歌を乗せるためにビートが存在するが、K-POPではビートと歌が同時に補完し合いながら鳴っている」(同誌)という。

　鋭い指摘である。日々曲作りをしている人だからこそ、このように言い切れるのだろう。

　確かに"ビートと歌が補完し合う"サウンドはK-POPの
特徴の1つだ。その始まりはいつごろか定かではないが、意
識的に取り組んで大きな潮流を作ったのはBIGBANG（ビッ
グバン）だと見ている。

　"ビートと歌が補完し合う"とは、より具体的にいうと、本
場のブラックミュージックとアジア的な情緒が漂うポップ
スを融合させる作業を指す。今までに様々なアーティスト
が試みてきたが、2006年にデビューしたこの男性5人組（現
在は4人組）は絶妙なバランスでミックスすることに成功し、
数多くのフォロワーを生み出している。

　活動を始めてからしばらくの間は、安定した人気を確保
するために親しみやすいサウンドメイクを心掛けていた彼
らは、新作を出すたびにヒップホップやR&Bなどのブラッ
クミュージックの要素を強めていく。

「自分たちの音楽性を追求しすぎると、一般のリスナーが
離れてしまいますよね。ですから僕たちは音楽性と大衆性
をうまく融合させようと常に努力しているんです」

　グループの代表曲を数多く手掛けるメンバーの
G-DRAGONは、日本進出直前の2007年末にこのように
語っていたが、その努力が実を結んだのは「FANTASTIC

BABY」ではないかと思っている。

　同曲は2012年にリリースされ、韓国はもちろんのことア
ジア各地で大ヒットを記録。BIGBANGの海外における知
名度を一気に上げた出世作だ。
　軽快なリズムの上でバトルしているかのように絡み合う
ハードなラップとメロディパート。細かいところはマニアッ
クなのに、全体を通して聴いた印象は「ポップ」という曲
作り。これこそがG-DRAGONの理想であり、"ビートと
歌が補完し合う"サウンドだといえよう。

　「FANTASTIC BABY」の歌詞はポジティブな言葉が満載
だ。中でも次のフレーズがかなり強気で耳に残る。

　　俺のセンスは噂になる／先を行く感覚
　　　　　　　　　　　　　　——「FANTASTIC BABY」

　自分の才能を信じないと新しいものは作れないといいた
いのだろう。歌詞の通りにセンスを高く評価された
BIGBANGはやはり凄い存在なのだ。

PSY

K-POPの世界的成功は
このシンガーから始まった

　男性シンガー・PSY（サイ）が2012年に発表した「江南
（カンナム）スタイル」は、韓国だけにとどまらず、国境を越
えてヒットしたことをご存じの方は多いだろう。

　さえない風貌の男性がキレのいいダンスをする同曲の
ミュージックビデオを面白がった（ジャスティン・ビーバーのマ
ネージャーとして知られる）スクーター・ブラウンがPSYにコ
ンタクト。すぐにアメリカ進出が決まったものの、「江南ス
タイル」は何も手を加えないまま現地でリリースされた。

　PSYは翌年に行われたハーバード大学での講演で、当時
をこう振り返る。

「私が『やろうとすれば英語でも歌えますよ』というと、こ
れが彼（スクーター・ブラウン）の天才的なアイデアなのです
が、『PSYが英語でラップしたとしても、もうすでに英語の
ラップは多く存在している。そしてそのほとんどが君より

うまい。でもアメリカで韓国語のラップをしたならば、君はナンバーワンだ』。そう彼がいったのです（笑）」

　聞けば「なるほど」とうなずくものの、それを実行するのは相当な勇気が必要だったと思う。なぜならば、多くのミュージシャンが海外で活動するときに悩むのが“言葉の壁”だからだ。しかも、世界的に見て話者の少ない韓国語。ワールドワイドに成功するとは普通は考えにくい。

　それでもスクーター・ブラウンが「江南スタイル」をいじらなかったのは、スキャットマン・ジョンの「スキャットマン」の成功例があったからだろう。1995年前後に世界各地で大ヒットしたこの曲も、英語詞の内容よりも軽快なスキャットが受けていた。「江南スタイル」も歌詞ではなくダンスやビジュアルが人気を集めている。だから英語に変える必要はないというわけだ。

　この戦略が見事にはまり、「江南スタイル」はK-POP史に残る大ヒットを記録。PSY自身も「誰も言葉の意味がわからないのに、私がパフォーマンスをしているときはみんな幸せそうに見えるのが本当に嬉しい」（前述の講演より）と語るほど、世界中に愛された1曲となった。彼は「江南スタイル」の成功後、あることを確信したという。

「自分は音楽業界における商品なのです。ですから商品として、人々が自分を選ぶはっきりした理由があるのです。ハンサムでもなく、筋肉があるわけでもない、そんな私が選ばれた理由は、その音楽、ビデオ、ダンスが楽しいからです。ですから私がいつもやろうとしているのは、変化ではなく、進化なのです」（同講演より）

　この考え方は海外でのブレイクを夢見る後進にも多大な影響を及ぼした。

　自分のセールスポイントを正確に把握して磨いていけば成功は必ず訪れる。ローカライズ（進出する国の言語や文化に対応させること）はそれほど重要ではない——。

　BTSの姿勢もまったく同じだと思った人は多いだろう。PSYのマインドはしっかりと受け継がれているのだ。

　　今から行けるところまで行ってみようか
　　　　　　　　　　　　　　　　　　——「江南スタイル」

　このフレーズはもしかすると、常に「進化」しようとするPSY自身に語りかけているのかもしれない。

２ＮＥ１

多くの女性の共感を得た"自分らしい生き方"

　K-POPのガールズグループはこれまでに数えきれないほど登場したが、特別な輝きがあったグループといえば、2NE1（トゥエニィワン）の名前がすぐに頭に浮かぶ。

　メンバーは語学に堪能なリーダーのCL、アメリカでソウルフルな歌唱に磨きをかけたBOM、キレのいいダンスでファンを魅了するMINZY、かつてフィリピンで芸能活動をしていたDARA。いずれも個性的なルックスで、ヘアスタイルやファッションもばらばら、なおかつ男性の視線を気にする素振りもなかったことが、何よりも新鮮だった。

　彼女たちは2009年3月にデビュー。同年にエキゾチックなリズムで攻める「Fire」と、レゲエのアレンジを施したバラード「I DON'T CARE」が連続ヒットしたおかげで、瞬く間に少女時代やKARAと並ぶビッグネームとなった。

　サウンドの方向性は所属事務所の先輩であるBIGBANG
とほぼ同じといえるかもしれない。ヒップホップ、R&B、
レゲエ、ロックなどをうまく取り込んだインパクト重視の
ダンスポップは、"女性版BIGBANG"というキャッチフ
レーズがよく似合う。

　歌詞については自立した女性を感じさせるものもある一
方、ラブストーリー風の平凡な展開もあるなど、初期の曲
に関しては統一感がなかったのは否めない。おそらく活動
をしていくうちに2NE1しか出せないカラーがわかってき
たのだろう。

　それを明確に示すことができたのは、2011年に発表した
「I AM THE BEST」が最初だったように思う。

　　私がいちばんイケてる

　　あなたは後ろをついて来るけど／私は前だけ見て走っ
　　てる　　　　　　　　　　　　　　──「I AM THE BEST」

　強気なフレーズを連発するこの曲は、同世代の圧倒的な
共感を得て大ヒット。日本語バージョンもCLの意向でオ

リジナルの歌詞とほぼ同じ内容にしたせいか、日本でも女性を中心にファン層を広げるきっかけとなった。

　2NE1は解散する2016年まで、ずっと"自分らしさ"を見せることを良しとしてきたグループである。心の奥底にある本音や欲望をストレートに表現して、聴き手を安心させ、喜ばせ、そして勇気づける。

　"ガールクラッシュ（女性が憧れる女性）"のあるべき姿を彼女たちは作ったといえるかもしれない。その美学に刺激を受けたガールズグループはこれまでにいくつも登場してきた。中でも2NE1と入れ替わるように2016年にデビューしたBLACKPINKは、所属事務所の後輩ということもあってか、ダイレクトな影響が随所に感じられる。

　「私がいちばんイケてる」。その自信に満ちた宣言は、いまだにK-POPシーンで響き渡っているようだ。

Wonder Girls

再評価されるべきフロンティアスピリット

　K-POP史において2007年はガールズグループ旋風が巻き起こった年だった。きっかけは5人の若き女性からなるWonder Girlsの活躍だ。

　今やTWICEやNiziUを手掛けたプロデューサーとして有名なJ.Y.Park（パク・ジニョン）の全面的なバックアップを受けて、彼女たちは2007年2月にデビュー。同年秋に発表した「Tell Me」が国民的大ヒットとなり、男性上位時代が続いていたシーンに大きな風穴を開けた。

　この曲はアメリカの女性シンガー・ステーシーQの「トゥーオブハーツ」（1986年）をサンプリングした軽めのエレクトロポップだ。アナログシンセと808風のリズムによるレトロなサウンドメイクや、曲名を何度も繰り返すキャッチーなサビが老若男女を問わず受けて、キュートなダンスを真似した映像を配信する人も後を絶たず、ついには"テ

ルミーシンドローム"と呼ばれるほどの社会現象になって
しまう。

　グループの勢いは翌年に入っても衰えることがなかった。
1980年代のディスコミュージックを思わせる「So Hot」、
モータウンサウンドを意識した「Nobody」が連続ヒット。
「レトロ3部作」と呼ばれるこれらの曲がシーンに与えた影
響は大きく、シンプルなサビの繰り返し（フックソング）や、
ひと昔前のトレンドを取り入れた音作りを取り入れるアー
ティストが次々と現れるようになる。

　その後も安定した人気をキープしていたが、2009年以降
はアメリカをはじめとする海外活動が増えたせいか、それ
とも少女時代やKARAといったライバルが続々と登場した
からなのか、徐々に失速。デビュー10周年を迎えた2017
年2月に解散を迎えた。

　最近の韓国文化を語る上で欠かせない視点の1つ
に"ニュートロ"がある。これは新しさ（New）とレトロ
（Retro）を合わせた造語で、古臭いと思われていたものを今
の視点で見直し楽しむ行為を指す。Wonder Girlsの「レト
ロ3部作」はまさにニュートロの先駆けであり、10年以上

前にすでに実践していたことに改めて驚く。

　海外進出も今から思えば斬新だった。人気絶頂期に韓国を離れ、アメリカでの活動に比重を置くというのは、当時としてはかなりめずらしかった。その甲斐もあって「Nobody」の英語バージョンがビルボードのシングルチャート76位を記録するなど、それなりの手応えはあったのだろうが、結局は韓国を中心とした活動に戻っている。

　アメリカのK-POPコラムニスト、ジェフ・ベンジャミンは、彼女たちがアメリカで成功できなかった理由として、「セクシーで、未来的な面を強調する米国的な姿を真似したから」(『東亜日報』2019年7月3日付の記事より) と述べている。仮にそうだとしても、Wonder Girlsのフロンティアスピリットはもっと評価されてしかるべきだ。

　　すべてがあまりにも夢のようだったあの頃に戻りたい
　　のに　　　　　　　　　　　　　　　　──「Nobody」

　この一節は、グループの歴史と重ねると切なく胸に響く。

CRAYON POP

B 級 路 線 を 極 め て 人 気 者 に な っ た 少 女 た ち

　競争の激しいK-POPシーンでなんとか生き残るためには、他と違うことをしなければならない。そう考える芸能事務所は多い。でも予算もコネクションもない小規模の事務所の場合はどうしたら良いのか……。答えは1つ、奇抜なアイデアで勝負するしかないのだ。

　女性5人組のCRAYON POP（クレヨンポップ）はB級路線でがんばり続けた結果、オンリーワンの立ち位置を手に入れた稀有な存在である。

　正式デビューは2012年。その前にHURRICANE POP（ハリケーンポップ）という名前で中国をベースに活動していたようだが、詳細は不明だ。韓国で活動を始めた当初は日本のアイドルを意識したビジュアルで勝負。実際に来日公演をライブハウスで開催するなどして、マニアックなK-POPファンの間では注目されたが、一般的な知名度はほ

とんどない状況が続いていた。

　転機が訪れたのは2013年のこと。6月にリリースしたシングル「パパパ」がネットを中心に評判を集め、チャートをじわりじわりと上昇、ついには音楽番組で1位を獲得するほどの大ヒットとなったのである。

「パパパ」での彼女たちは衝撃的だった。ヘルメットに半袖シャツ、ミニスカートの下にジャージをはいた5人がガニ股で踊りだす。サビで登場する"直列5気筒ダンス"と呼ばれるピストン運動のようなジャンプのインパクトも相当なもので、聴いていると何もかも忘れて踊りたくなってくるはずだ。
　楽曲は日本の戦隊ヒーローものを意識して作ったと思われるが、いかにも「パソコン1台で制作しました」という感じのチープな音作り。しかしながら、サウンドのクオリティが重視されがちなK-POPシーンでは逆にフレッシュで目立ったのだ。

　当時、知り合いの韓国人ミュージシャンにこのような話を聞いたことがある。

「CRAYON POP が所属する事務所は小さいし、たいした実績もなかったので、最初はテレビ局から相手にされなかったんだ。でも『パパパ』があまりにもヒットしたので、無視できなくなった。今ではいろんな番組に出ている彼女たちを観て痛快に思うよ」

　大きなバックを持たなくてもアイデア一発で人気者になることができた CRAYON POP。学歴や家柄が重視されがちな韓国社会においては、特に歓迎されたのだろう。

「パパパ」は海外でも評判を集めた。2014年にはレディー・ガガのツアーに同行し、オープニングアクトを務めるほどになり、日本でもメジャーデビューを果たしている。

　　心配はNO、悩みもNO　　　　　　　　　　——「パパパ」

　このマインドで成功した彼女たち。現在は実質的な活動はしていないようだが、再び世間をあっといわせるような音楽を出してくれることを期待したい。

ガールクラッシュ

ジェンダーと社会通念への挑戦

chapter *3*

　GDPで世界12位（2019年）の経済大国となり、映画や音楽といった文化芸術も国際的な評価を得ている韓国。だが、各国における男女格差を測る「ジェンダーギャップ指数2021」（世界経済フォーラム発表）では156カ国中102位となり、ジェンダー（社会的性差）の平等では遅れているといわざるを得ない。もっとも日本は、同じ統計でそれをさらに下回る120位。よその国をとやかくいえない不名誉な数字だ。

　家父長制の影響もあってか、韓国ではいろいろな場面で男性が優遇され、女性は後回しになるケースが多い。現代女性の生きづらさを描いた小説『82年生まれ、キム・ジヨン』の翻訳者として知られる斎藤真理子さんは、そんな状況に加えて「徴兵制」も影響を与えてきたと見ている。彼女は次のように解説する。

「長い間、『男は兵役で苦労するんだから、女は我慢して当然』というような意識が社会的に根付いていました。しかし、1999年末に『軍服務加算点制』(兵役を終えた者に公務員採用試験などで加算点が与えられる制度) に違憲判決が出て、廃止されました。男性に与えられていた特権が引きずり下ろされたわけです。男性たちの間には『女は兵役にも行かないし、デート費用も出さない。男を不当に搾取している!』というミソジニー(女性嫌悪) が広がり、今日に続く男女対立の一つの火種になりました」(『好書好日』2019年2月5日付の記事より)

　　大物政治家のセクハラの問題が相次ぎ、韓国犯罪学研究所の2017年の調査結果では、男性の5人中4人がデート中に相手の女性を虐待していることが明らかになるな

ど、ここ数年の間でも男女が対等の関係になっていない現状を痛感させられる韓国の話題は多い。

そんな中K-POPシーンで急浮上したのが"ガールクラッシュ"なる言葉だ。「女性が憧れる女性」という意味で使われるが、それは"ありのままに生きる人"と言い換えられるかもしれない。社会通念や周囲の視線を気にしないで、自分らしさを貫く姿勢。その大切さや尊さを音楽やパフォーマンスを通して表現する女性アーティストが急増しているのだ。「#MeToo」運動の影響もあったと思われるが、前述の社会背景と重ね合わせると、彼女たちの意思表明にどれだけのインパクトがあったかが想像できるだろう。

韓国ではLGBTQへの理解も不足している印象がある。

たとえば、2020年を代表する韓国ドラマ『梨泰院クラス』ではトランスジェンダーの女性が登場するが、シスジェンダー（身体的な性別と性自認が一致している人）女性がその役を演じることへの指摘もある。

振り返ってみれば、K-POPの世界でも活躍している性的少数者はあまりにも少ないことに気付く。やはり「男は男らしく、女は女らしく」と考える人が多いのだろうか。しかしながら、こうした問題は韓国だけで起きているわけではない。日本でも同じようなケースが多々あり、決して人ごとではないのだ。

彼女ら・彼らが発信するメッセージは今の日本社会にも有効である。文化的・社会的な背景の違いを超えてしっかりと受け止めたい。

プリンセスになりたくなかった

―― BLACKPINK「Lovesick Girls」

BLACKPINK
伝わる"自分らしく生きる"ことの大切さ

　BTSに続いてワールドワイドな成功を収めた韓国発のグループといえば、女性4人組のBLACKPINKをあげる人がほとんどだろう。

　2016年に登場した彼女たちの活躍は目を見張るものがあった。アジア圏のアーティストにとっては高いハードルだった米ビルボードのホット100（メインシングルチャート）入りを、デビュー後程なくしてクリア。

　2020年は、レディー・ガガとコラボレートした「Sour Candy」や単独名義の「How You Like That」を同チャートの上位にランクインさせることに成功し、さらにはアメリカの人気シンガー、セレーナ・ゴメスとの共演作「Ice Cream」が初登場で13位と好成績をマーク。

　初のフルアルバム『THE ALBUM』はビルボード200（メインアルバムチャート）で2位になるなど、K-POPガールズグ

ループとしては前人未踏の領域に達した感がある。

　彼女たちの主要楽曲を手掛け、プロデュースしているのは、K-POPの黎明期から活動する男性アーティスト・TEDDYで、BLACKPINKの先輩であるBIGBANGと2NE1の楽曲制作にも関わってきたことで知られる。
　TEDDYはBLACKPINKの4人に対して所属事務所の代表とともに次のようにアドバイスしたという。

「女性らしくする必要はない。もっと強く、かっこよく踊れ」

　これこそがグループのコンセプトであり、ファンを魅了する最大のポイントなのだ。
　ステージを降りるとスターのオーラは控えめになり、ごく普通の女性に戻るのも人気の理由の1つかもしれない。

　2020年秋に公開されたドキュメンタリー映画『BLACKPINK ～ライトアップ・ザ・スカイ～』では、メンバーたちのプライベートを紹介しているが、常に自然体で正直な気持ちをためらわずに話すのが印象に残った。

　オンとオフでの表情や振る舞いの違いはあるものの、共通するのは"自分らしく生きる"こと。この姿勢が無くならない限り、グループの人気は衰えないだろう。

　BLACKPINKの存在は予想より遥かに大きくなってしまった。ミュージックビデオでの衣装が問題になり、イベントに遅刻したという関係者の証言で非難を浴びるなど、何をやってもニュースになってしまう。これにはメンバーらもだいぶ疲れているはずだ。

　『THE ALBUM』収録の大ヒットナンバー「Lovesick Girls」は、メンバーが曲作りに参加している。歌詞に登場する主人公は愛に傷付きながらも愛を求め、こうつぶやく。

　　プリンセスになりたくなかった　　──「Lovesick Girls」

　このフレーズは現在のグループの心境を表していると見るのは深読みしすぎだろうか。

EXID

同性からも愛されたセクシー系グループ

　K-POPガールズグループの人気はこれまでに大きく分けて2つの大きな波があった。

　1度目はS.E.S.を中心にブームが巻き起こった1998年頃で、2度目はWonder Girlsが「Tell Me」で火をつけた2007年だが、TWICEやBLACKPINKが活躍し始めた2016年あたりを3度目の波と見る人も多い。

　いずれの時期も2匹目のドジョウを狙おうとニューフェイスが次々と登場しており、その中で必ずといっていいほど一定数入っているのが、一般的にセクシー系とカテゴライズされるグループだ。

　日本だと"清純派"や"かわいい系"のほうが受ける印象があるものの、お隣の国ではそれらと同じようにセクシー系の支持率もかなり高い。韓国の某芸能事務所の関係者の話によると、兵役が大きく影響しているとのことだ。男性だけの生活を長く続けていると、女性を性的消費の対象に

してしまいがちになるという。データに基づいた話ではないものの、国の違いを考えるとあっさりと無視はできない見方である。

2012年に登場したEXID（イーエックスアイディー）はセクシー系で最も成功したグループだ。活動を開始してしばらくはごく普通のダンスポップとビジュアルでやっていたせいか、鳴かず飛ばず。だがメンバーチェンジを経て、LE（エリー）、ハニ、ヘリン、ソルジ、ジョンファの5人体制でリリースしたシングル「上下（Up&Down）」（2014年）によって大きな転機が訪れる。

同曲を歌って踊るハニを追い続けたファン撮影の動画が話題になったおかげで、ファンが急増。ついにはテレビの音楽番組で1位を獲得するほどの人気者となったのだ。

「上下（Up&Down）」は「扇情的」という表現がぴったりな曲である。ノリのいい派手なサウンドと性行為を連想させるダンス。軍隊の慰問公演でも歓迎されたようだ。

だからといって男性の支持だけでブレイクしたわけではない。彼女たちの場合、数多くのバラエティ番組を通してメンバーの飾らないキャラクターが愛されたこともあり、同

性人気も獲得。同時期に頭角を現した女性4人組・
MAMAMOO（ママム）とともに"ガールクラッシュ"の代
表格となっていく。

　男女どちらからも人気があるセクシー系のガールズグルー
プは当時かなりめずらしかった。メンバー自身もこのよう
に答えている（ミュージック・マガジン刊『K-POP GIRLS』）。

「ガールズグループだけじゃなくてボーイズグループと比
較しても独特な雰囲気を醸し出しているんじゃないかなっ
て思います」（ヘリン）
「テレビ局に行って思うのは、他のガールズグループはか
わいくて小柄な人たちが多い中、私たちは身長が高くて強
いメイク。浮いてるなっていつも思います」（ソルジ）

「上下（Up&Down）」の歌詞にはこんな言葉が出てくる。

　　　ふざけてない本心　　　　　——「上下（Up&Down）」

　それさえ持っていればどんな状況でも大丈夫、迷いはし
ない。そんな凛とした姿に多くの人が惹かれたのだ。2020
年に活動を休止してしまったことが惜しまれる。

f(x)

期 待 に 応 え る こ と を 止 め た
ア イ ド ル の 斬 新 さ

　f (x) と書いて「エフエックス」と読む。女性の染色体
XX を表す "x" をグループ名に冠しており、結成当初から
「女性らしく生きるとは何なのか?」をグループの重要な
テーマにしていたことがうかがえる。

　2009年に登場したこの女性5人組 (のちに4人組) は、アイ
ドル的なルックスからは想像がつかないほどマニアックな
サウンドメイクと奇抜なファッションで勝負。そのおかげ
もあって、短期間で他のライバルに大きな差をつけること
ができた。

　メンバーはいずれも実力派だ。中国の伝統舞踊を10年ほ
ど学んだビクトリアはダンスのキレが良く、ルナは声楽を
やっていた親の影響もあってか、安定感のあるパワフルな
歌声を響かせる。ソルリ (2015年脱退／2019年死去) は子役時
代からつちかった表現の豊かさと華やかさがあり、少女時

代の元メンバー・ジェシカを姉に持つクリスタルはジャズ
ダンスで鍛えたパフォーマンスに対する評価が高い。

　最も注目したいのは台湾系のアメリカ人・エンバである。
彼女は小学生になった頃からラップのスキルを磨いている
が、ヒップホップの創成期を支えた大物アーティストの1
人、カーティス・ブロウから直接指導を受けたというから
驚きだ。
　エンバはビジュアル面でも際立った存在だった。ボーイッ
シュなヘアスタイル、腕にびっしりと彫られたタトゥー、ス
ポーティーな服装。典型的な女性アイドルのイメージから
かけ離れたこれらの要素で多くのファンを集めたのである。

　とはいえ、残念ながら幅広い層に受け入れられたわけで
はない。彼女はデビュー直後から「なぜ男のような格好を
するのか」「胸はどこへ行った？」といった、ネットでの心
ない言葉に悩まされてきた。
　あまりの悪口の多さに「長い間、自分の身体を恥ずかし
いと思っていた」（自身のインスタグラムより）彼女は、女性ら
しい髪型・服装を試した時期もあったそうだ。
　しかし、それは間違った行為だとすぐに気付く。

「人々の期待に応えて特定の姿を見せなければいけないというのは合わないみたいです。疲れるんですよ。他人に認められるために生きることは私にとって意味がありません」
（『BBCコリア』2017年12月8日付の記事より）

　グループの創作意欲がピークに達したのは、2014年のヒット曲「Red Light」だったように思う。音の断片を組み合わせたようなサウンドは、親しみやすさからはほど遠い。同年に起きたセウォル号沈没事故に関するメッセージを入れたとされる歌詞は文学的かつ難解だ。ユニセックスなビジュアルも従来のK-POPアイドルとは一線を画す。f(x)はこの曲で「人々の期待通りの姿を見せる」のを止めたのだ。

　　考えてみて、何が私たちをとまらせたのか
　　　　　　　　　　　　　　　　──「Red Light」

　それまで良しとされてきたものを否定して新しい価値観を提示する。それをK-POPシーンの最前線に立つアイドルがためらわずにやっているのが痛快でたまらなかった。
　彼女たちの音楽は、他人の目をついつい意識してしまいがちな人々を「気にするな」と鼓舞してくれるのだ。

Red Velvet
K-POPが到達した1つの理想形

　大手の芸能事務所・SMエンターテインメントに所属する Red Velvet は、K-POP のサラブレッド的な存在だ。数多くのトップスターを輩出した同社の豊富な成功例を元に育成されただけあって、デビュー前から大ブレイクが約束されていた。

　少女時代の華やかなビジュアル、f(x) のアグレッシブなサウンド、SHINee や EXO などに代表される難易度の高いダンス。先輩の良いところをすべて吸収した彼女たちのステージは、K-POP が到達した1つの理想形かもしれない。

　2014年に活動をスタートしてしばらくは与えられた役割をクールに演じていたメンバーたちだが、キャリアを重ねていくうちに素の表情を見せ始めたのが興味深い。

　Red Velvet の末っ子・イェリは雑誌の取材で次のように語っている。

「今は自分のことをよく理解できるようになった。嫌いだった食べ物は同じように嫌いで、好きなものは同じように好きで、性格も昔と変わらない。それでいいと思う。何かをもっとしようとすることもなく、だからといってあまりしないこともない、ありのままの自分でいる人になりたい」
『HIGH CUT』（2019年12月発売号より）

　リーダーのアイリーンは人見知りゆえに積極的に発言しないタイプだが、自身のコメントで騒動に巻きこまれたときもある。ファンミーティングの席で、フェミニズム小説と呼ばれる『82年生まれ、キム・ジヨン』を読んだと語っただけで、一部の男性ファンがネット上で「失望した」「フェミニスト宣言だ」といい始め、中には彼女の写真や関連グッズを壊している画像を投稿する者も出たほどの騒ぎに。しかしながら、実際は彼女を応援する声のほうが圧倒的だった。

　プロフェッショナルに仕事をこなしつつ、自然体で生きている、そんなイメージが強くなってきた彼女たちは、ここ数年で"ガールクラッシュ"としての人気も高まってきた。

　近年はクリエイティブな面に対してもしっかり向き合っている様子がうかがえる。メンバーのジョイは、様々な世界観の音楽に挑戦するための秘訣は何かという質問に対して、「メンバーたちも私も表現の限界を決めておかない。新しいものを受け入れることにいつも肯定的だ」(『GQ KOREA』2020年4月号より)と答えた。

　Red Velvetには唯一無二のかっこよさがある。2018年にヒットした「Bad Boy」では、ソウルフルなメロディラインを熱すぎず、かといってクールに装うこともなく歌っている5人のメンバーが神々しく見えて最高だった。本場のR&Bの味わいを残しつつも、アイドルポップに仕立てたこの曲は他にはない魅力を強烈に感じさせてくれた。

　　自然とあなたはついてくる　　　　　　　──「Bad Boy」

「Bad Boy」の歌詞にあるこのフレーズの通り、私自身、今後も迷わずファンを続けていきそうな気配である。

他の人の視線は意識しない

Cause I love myself

―― MAMAMOO「Girl Crush」

MAMAMOO

誰 と も 比 較 さ れ な い オ ン リ ー ワ ン の 美 し さ

正直に話そう。2014年にデビューした女性4人組・
MAMAMOO（ママム）をテレビ番組で初めて観たとき、「こ
れでは売れない」と思ったのだ。

どこの国でも同様かもしれないが、K-POPの世界は見た
目を重視する傾向が特に強く、これについてルッキズム（容
姿の美醜で人を評価する考え方）と批判する声もある。

歌唱力があっても、ぱっと見でわかりやすいイケメンや
美女でないシンガーはメディアで顔を出さずに売り出すケー
スが過去にはあった。

だがそんな風潮や前例を彼女たちはいとも簡単に一蹴し
てしまう。

2016年に大ヒットした「You're the best」では次のよう
な印象的なフレーズが登場する。

かわいいふり、セクシーなふり、美人なふり／そんなこ
とをしなくても私をわかってくれるあなた
——「You're the best」

同時期に発表した「Girl Crush」でも似た表現を見つけ
られる。

私はしない 恋のかけひき／自分の感情に正直なの

他の人の視線は意識しない／Cause I love myself
——「Girl Crush」

したいようにするのが最も大切だと主張するこの2曲
は、"ガールクラッシュ"という新たなトレンドを生み出し、
グループをスターダムへと押し上げた。

彼女たちを育成し成功に導いた作曲家のキム・ドフンは
かつてインタビューで「デビュー時のコンセプトは"ミュー
ジシャンが作ったミュージシャン"だったが、今は"大衆
が作ったミュージシャン"に路線を変えた」と語っている。
どうやらMAMAMOOは、ファンとの密接な交流を通じ

て、自分たちに求められているのがガールクラッシュであると活動の途中で気付いたらしい。

　自分たちが進むべき方向が明確になってからの彼女たちは順風満帆だ。出す曲すべてが大ヒットとなり、2018年には日本にも進出して成功を収めている。

　自信がみなぎる歌とダンスを披露する姿を通してグループが訴えたいのは、「自分らしさを貫く大切さ」だろう。世の中の常識にとらわれず、素の自分をさらけだす姿勢こそが満足できる人生につながるといいたいのだ。

　J-POPでもそういう視点で歌うシンガーが多いのでは？と思う人もいるかもしれない。だが明らかに異なるのは、日本では「ありのままの自分でいいよ」という「静」的な表現が多く、韓国では「ありのままに生きろ」と動くことを強調する点だ。これはK-POPを聴いてポジティブな気分になれる理由の1つとして押さえておいていただきたい。

ITZY

今 の 時 代 だ か ら こ そ 求 め ら れ る
強 い メ ッ セ ー ジ

「私たちは“モンスタールーキー”という呼び名を手に入れたい。新人だけどすべてをうまくこなせる、今まで見たことのないグループになりたいんです」

2019年2月、K-POPシーンに颯爽と現れたガールズグループ・ITZY（イッジ）は、デビュー直後のショーケースでこのように熱く語った。強気の発言はさらに続く。

「TWICE先輩はラブリーで美しいけど、私たちはガールクラッシュな魅力と明るく若いエネルギーを持っています」

TWICEと同じ事務所・JYPエンターテインメント（以下、JYP）に所属。それゆえにマスコミは“TWICEの妹分”と騒いだものの、当の本人たちは安易に比較されることを良しとしなかった。

　ガールクラッシュと呼ばれるK-POPアーティストはそれ
までにいくつか例があったが、ITZYの場合はガールクラッ
シュを意識的に曲やビジュアルに反映させていった点がフ
レッシュだったし、グループ名に込めた「みんなが望むも
のは全部あるでしょ？　あるよね！」という同世代へ向けた
メッセージもかなりインパクトがあった。

　ガーリーな要素をほどよくちりばめたクールビューティ
といったら良いのだろうか。メンバーはいずれも女性のみ
ならず男性をも惹きつける独自の魅力を備えている。

　JYPの設立者であり、TWICEの生みの親でもあるプロ
デューサーのJ.Y.Parkは、歌手の卵を発掘する際に、「ダン
スや歌が上手かどうかよりも大切なのはナチュラルさで、自
分の声、自分の表情、自分の性格で踊っているかを見る」
そうだ。おそらくITZYのメンバーの選考基準も同じだっ
たに違いない。

　デビュー曲「DALLA DALLA（違う違う）」はEDMやハウ
ス、ヒップホップなどをミックスした躍動感あふれるダン
スポップ。歌詞の内容はガールクラッシュそのもので、世
界の中心に立つ"自分"を愛そうとリスナーに呼びかけた

ものだ。

　　あなたの基準に私を合わせようとしないで／私は今の
　　自分が好き／私は私　　　　　——「DALLA DALLA」

　ITZYが放つメッセージは、メンバーと同世代の若者だ
けに向けたものではない。私のような大人の世代にとって
も有効であり、自分を見つめ直す機会が増えている今の時
代では、生きていくための参考になるかもしれない。

　以前、ラジオ番組でお笑いコンビ・ダイノジのおふたり
と「DALLA DALLA」の素晴らしさについて語り合う機会
があった。そこでのやりとりを通じてしみじみ思ったのは
「良いサウンドと良い歌詞がセットになると世代を超えて心
に響く」ということだ。
　K-POPではそのように感じる曲が特に多いような気がす
るのだが、みなさんも同じだろうか？

あなたの基準に

私を合わせようとしないで

私は今の自分が好き

私は私

―― ITZY「DALLA DALLA」

SISTAR

再評価すべき"早すぎたガールクラッシュ"

　日本でのK-POPの人気が上昇していると実感する今日この頃。おかげで仕事の幅もかなり広がったが、最近増えてきているのが芸能人とのコラボレーションである。中でも、2020年にメジャーデビューを果たしたダンス＆ボーカルユニット・フィロソフィーのダンスのメンバー・佐藤まりあさんとの仕事は貴重な体験だった。

　共演したのは、彼女のお気に入りのK-POPソングを紹介するトークイベントで、私はピックアップした曲と歌っているアーティストの解説をしていった。

　佐藤さんの選曲はSHINeeなどのメジャー系から、こんなのいたっけ？　と思うようなマイナー系まで多種多彩。それぞれの魅力を熱弁する彼女は本当に楽しそうだった。

　イベントの進行中、いちばん驚いたのは、ベストソング

として女性4人組・SISTAR（2010年デビュー／2017年解散）の
「I Swear」をチョイスしたことである。このグループはあ
まり来日していないせいなのか、韓国での大物ぶりを知れ
ば知るほど、日本での人気のなさが気になってしまう、そ
んな存在だったからだ。

　グループ名はSISTER（姉妹）とSTAR（星）の合成語。「姉
妹のような身近なイメージを持ちながら、音楽界の大きな
星になる」との意味が込められている。
　初期はヒップホップとエレクトロニカを融合したダンス
ナンバーで勝負。それなりの成功を収めていたものの、オー
ディション番組出身のシンガーの活躍を見て刺激を受けた
のか、途中から歌唱力と音楽性を強化。グループ活動と並
行してメンバーそれぞれがソロで活躍し、他のシンガーと
積極的にコラボレーションするなど、充実した課外活動に
よってグループの実力を引き上げることに成功した。

　佐藤さんのフェイバリットソング「I Swear」は、SISTAR
の人気がピークに達した2014年にリリースされた曲で、黎
明期のK-POPが持っていた（良い意味での）軽さと勢いを再
現した音作りと、夏の終わりの切なさを的確に表現した彼

女たちの歌唱力が音楽関係者に評価されている。

　実力もあり、サウンドも良い。しかしながら日本での知名度は低い。なぜなのだろうか？

　セクシー、ヘルシー、スポーティーなど、SISTARならではの魅力はいろいろとあるが、いずれの要素もアジア的な美意識は少なめで、むしろアメリカナイズされている。そこにガールクラッシュ的な魅力を感じ取れるのだが、結局は"かわいい"や"清純"に傾きがちな当時の日本人リスナーの好みではなかったというわけだ。

　もしもの話だが、現時点でSISTARが存続していたら、日本でも人気が出ていたのではないかと思う。グループが目指す方向はBLACKPINKに近いものがある。その魅力をわかるリスナーは以前よりもっといるはずだ。

　だが、本人たちはあっさり解散してしまった。それほど野心家ではなかったのだろう。

　　あなたに多くを求めはしない　　　　　──「I Swear」

　今改めて聴くと、SISTARの気持ちを代弁しているように思えてならない。

TWICE

次 の ス テ ー ジ に 進 ん で い く 国 民 的 ア イ ド ル

　ガールズグループ・TWICEが日本進出する直前に、私
は次のような文章を書いた。

　「（彼女たちが）成功を収めた最大の要因は男女ともに受け
る"ガーリー""カッコいい""健康的なセクシーさ"と、海
外の人たちに喜ばれる"萌え""かわいい"がすべて揃って
いたからだろう」（『M-ON! MUSIC』2017年4月27日付の記事よ
り）

　2015年にK-POPシーンに登場して以来、「CHEER UP」
や「TT」といったメガヒットを連発、その都度披露される
キュートな振り付けも話題を集めた。日本での活動も基本
のカラーを変えることなく日本語曲をリリースしてブレイ
クを果たしている。

　TWICEは前述のような5つの魅力を持っているからこそ
受けたのだという見方は今でも変わっていない。日本で少

女時代やKARAを応援していた層は10代から20代の男女がメインだったが、TWICEの日本人ファンの多くは小中高生（特に女性）のようだ。おそらくそのあたりの世代が憧れる要素がすべてそろっているからなのだろう。

　だが、2019年頃からそのスタイルに変化が起き始める。それまでいつも明るく元気な姿を見せてきた9人のメンバー（ナヨン、ジョンヨン、モモ、サナ、ジヒョ、ミナ、ダヒョン、チェヨン、ツウィ）だったが、9月にリリースした「Feel Special」ではいつもと様子が違っている。

　　そんな日がある／突然ひとりぼっちのような気分になる
　　日／どこに行っても私のいる場所じゃないと思い／うな
　　だれてしまう日　　　　　　　　　　　　──「Feel Special」

　彼女たちの率直な気持ちなのだろう。そして、どんなにつらい状況でもあなたの微笑みと救いの手によって「特別な私に変わる」とたおやかに歌う。
　この曲はTWICEの育ての親であるJ.Y.Parkが作詞を担当。メンバーと会話した内容を元に書いたという。となると、過去にネットでの炎上を経験したツウィやサナの気持ち、そ

して7月に不安障害で活動を一時休止したミナに対する他
のメンバーの思いが反映されている気がしてならない。

　同様のケースは2020年の暮れにヒットした80年代シン
セポップ風の「I CAN'T STOP ME」にも当てはまる。

　　毎分、毎秒、私の心が私の心を追い抜くの
　　　　　　　　　　　　　　　──「I CAN'T STOP ME」

　自分をコントロールできない苛立ちや悩みをつづってお
り、なかなかに興味深い歌詞だが、リリース直前に発表さ
れたジョンヨンの休養が歌詞の内容に少なからず影響を与
えているのではないかと見ている。

　自分の率直な気持ちを歌で表現するのは、シンガーにとっ
て自然な行為だ。「本音を聞くことができて嬉しい」と、従
来のファンも歓迎しているはずである。

　初期のセールスポイントの1つだった"萌え"や"かわ
いい"から、さらにもう1つ違うステージへと、アーティ
ストとしての成長を選んだTWICE。アイドルから脱皮す
る覚悟ができたようで頼もしい限りだ。

ハリス

ポジティブな姿で「明日」を切り開くタレント

　ハリスは21世紀に入った頃、「韓国初のトランスジェンダーのタレント」などのキャッチフレーズでスポットライトを浴びた。きっかけは出演した化粧品のCMだった。「美人だけど誰なの？」「もしかして男性？」と話題となり、一躍スターダムへ。テレビや映画で活躍する一方、2001年には歌手デビューを果たしている。

　翌年の春に彼女にインタビューしたが、実際に会ってみると、ステージ上での妖艶な雰囲気はなく、終始明るく爽やかに答えてくれたのが意外でもあり嬉しかった。
「今までたくさんの取材を受けましたが、『自分は女の子だといつ思い始めましたか？』とか、『いつ性転換しましたか？』とか同じ質問ばかりなんです。回答をテープに録音して送りつけようと思ったぐらい、うんざりしてしまいました」

　そう語りながらも現状には満足しているらしく、しゃべっ
ている間も笑顔を絶やさない。自身の芸能界での成功が同
じような立場の人たちに希望を与えたことを誇りに思って
いるようだった。

　それから20年近くたち、韓国のエンターテインメント業
界はどう変わったのだろうか。
　映画やドラマで同性愛をテーマにした作品を見かけるよ
うになったものの、性的マイノリティを公言した俳優は数
えるほどだ。K-POPシーンでは2018年にデビューした
Holland（ホランド）がゲイであることを公表したが、メディ
アで取り上げられる機会は少なく、残念ながらブレイクも
していない。ハリスと並ぶ人気アーティストは、いまだに
出てこないのだ。いつの時代も性的マイノリティに対して
寛容になれない人が一定数いるため、なかなか好転しない
のだろう。

　ジェンダー問題に詳しいジャーナリストにその理由を聞
くと、韓国にはキリスト教の信者が多いことも少なからず
影響しているという。信仰として性的マイノリティを受け
入れ難い傾向にあるようだ。実際、2019年にソウルで開催

された性的マイノリティのパレードに反対する集団の中に
キリスト教系の団体も参加していたとの報道もある。

　2020年5月、新型コロナウイルスを封じ込めたかのよう
に見えた韓国で、再びクラスター感染が発生。その場所は
性的マイノリティが集うクラブだったため、性的マイノリ
ティへの攻撃的な言説が広がった。偏見はいまだに続いて
いるのだ。

　ハリスは2018年に発表した曲でこのように歌った。

　　人生をあきらめないで　　　　　——「Make your life」

　道のりは険しく先も見えない、それでも進んでいけば幸
せな出会いや経験もあるはず。彼女のポジティブなメッセー
ジは、こんな世の中だからこそ一層説得力がある。

「韓国初のトランスジェンダー」というキャッチフレーズ
はもう必要ない。K-POPを代表するアーティストとして、
今後も逆境に負けないでがんばっている性的マイノリティ
をはじめ、すべての人たちを励ましてほしいと切に願って
いる。

chapter 4

オーディション

K‑POP人気を支える多彩な番組

　参加者にミッションを与え、その結果で脱落者が決ま
り、最後まで残った者が栄冠を手にするという流れを、テ
レビ業界では「サバイバル形式」と呼んでいる。

　一説によると、始まりは1992年制作のイギリスのテ
レビ番組『サバイバー』といわれ、21世紀に入ってから
は世界のあちこちでこの手の番組が作られるようになっ
た。

　韓国の音楽オーディション番組は、サバイバル形式を
採用したものが目立ち、そこに、イギリスの『ポップア
イドル』やアメリカの『アメリカン・アイドル』といっ
たリアリティショーにつきものの"審査員の辛口批
評"を加えることで、よりドラマチックな展開に仕立て
るのが王道のパターンとなっている。

　韓国では2009年に放送した『スーパースターK』が高視聴率を出したことがきっかけで、音楽オーディション番組に対する関心が一気に高まった。もちろんそれ以前にも似たタイプの番組がいくつかあったが、『スーパースターK』の場合は1歳から99歳まで誰でも応募できて（実際に選ばれるのは10〜20代なのだが）、視聴者がスーパースターになってほしい人に投票できることなどが大いに受けたようだ。

　2010年以降は類似番組が雨後のタケノコのごとく登場。となると視聴者を惹きつけるための演出・構成が必須となり、同時にジャンルも細分化されていく。

　トーナメント方式で最強のバンドを決める『TOPバンド』、ヒップホップに特化した『SHOW ME THE MONEY』、伸び悩むアイドルにチャンスを与える『ザ・ユニット』、

大学対抗歌合戦のような『VOCAL PLAY』などがいい例
だろう。

　今までに放送された韓国のオーディション番組はざっ
と数えて100本ほどある。その中から多くのスターが登
場し、K-POPシーンの盛り上がりにも貢献しているが、一
方でブレイクしないまま消えてしまったシンガーやグルー
プが山ほどいるのも事実である。

　オーディションブームに対して異論を唱える人も出て
きた。ベテラン歌手のキム・チャンワンは、「日々作ら
れる駄作、作って挫折する音楽、残念な文学作品や絵
……。そのすべてが美しいのです」とコメント。クリエ
イティブな作業に勝ち負けは重要ではないと主張した。

　こうした関係者のコメントや、人気番組『PRODUCE 101』シリーズのプロデューサーの不正が発覚したことも影響したのか、最近のオーディション番組は以前ほどの活気は見られない（なぜか演歌系だけは好調なのだが……）。

　それでもオーディション番組出身者の活躍ぶりは相変わらずだ。2021年に入ってもヒットチャートの上位に入るニューフェイスはオーディション番組関連が多い。

　新鮮味のない番組ばかりで視聴者も食傷気味。だがスターはしっかりと生み出される。とても不思議な現象がずっと続いているのだ。この状況をウォッチしていくのも、K-POPを楽しむ方法の１つだと思う。お試しあれ！

W a n n a   O n e
数々のミッションで磨かれた11人の輝き

　韓国のオーディション番組をとりあえず1つ観たい人には、『PRODUCE 101』が最適だと思う。

　2016年より始まったこの番組は、放送スタート当初から多くの視聴者を魅了。あまりの好評ぶりに第4弾まで制作され、その後も日本版が登場するなどシリーズ化された。注目度の高い番組ゆえに、最終審査に残った参加者はもちろん、脱落者からも多くのスターを輩出し、ここ数年のK-POPシーンの盛り上がりに大きく貢献している。

　番組はレベル分け→グループバトル→ポジションバトル→コンセプトバトル→デビューバトルという流れで進行。それを観た国民プロデューサー（視聴者）がお気に入りの参加者に投票し、そのデータを元に未来のスターを選ぶのが同シリーズの共通システムだ。

　参加者たちがトップランクのトレーナーたちの叱咤激励

を受けて努力する姿は、シリーズ中のどの番組でもたっぷりと紹介されるが、指導の厳しさにおいては"シーズン2"と呼ばれる、2017年放送の番組が特に印象に残る。

　しかしながら意味もなく厳しくしているわけではなさそうだ。101人の参加者はクセのあるキャラクターばかり。精神的にかなり追い込まないとプロ意識が芽生えないという危機感がシリーズ中いちばん強かったように思う。

「かつてラッパーとして注目された」「人気アイドルグループの出身」「子役としての輝かしいキャリアがある」など、それぞれの過去をリセットして、ゼロからスタートする覚悟を植え付けることが自分たちの役割だと、指導者全員が痛感したのではないだろうか。

　国民プロデューサー代表として登場する女性シンガー・BoAも同じ態度でのぞんでいたようだ。彼女のコメントは常に冷静で客観的だが、的を射たものが多い。

「みなさんを励ますのはみなさん自身しかいない」
「本気ならもっと必死で練習してほしい。実力は絶対に裏切らない」

　数々のミッションと投票により合格した顔ぶれを見ると、
BoAのこうしたメッセージをちゃんと受け取った参加者の
みが勝ち残れたと思わざるを得ない。

　最終決戦の上位11人は、2017年8月にWanna One（ワナ
ワン）というグループのメンバーとして登場。デビュー曲は、
やっと羽ばたくことができた喜びにあふれた歌詞が心を打
つ。

　　自分でも知らないうちに／もっと夢中になっていく／息
　　が苦しいほどに Baby

　　今この瞬間／止められない気分　　――「Energetic」

　同じ高揚感はずっと見守ってきた国民プロデューサーも
覚えただろう。スターと視聴者が同じ気持ちになれること。
これこそがオーディション番組の醍醐味なのだ。

ENHYPEN

「揺さぶり」と「追い込み」で
鍛えられた 7 人

『I-LAND』は 2020 年の 6 月から 9 月にかけて韓国のケーブルテレビ局・Mnet などで放映されたサバイバル番組だ。BTS が所属していることで知られる芸能事務所・ビッグヒットエンターテインメントと同局を運営する CJ ENM との共同企画であり、シグナルソングを人気女性シンガーの IU（アイユー）が担当、さらに実力派シンガーの Rain（ピ）やラッパーの ZICO がプロデューサーとして出演するなどの話題性もあって、本放送スタート前から視聴者の注目度はかなり高かった。

　次世代のグローバル K-POP グループの一員になることを夢見て、韓国や日本、ベトナムなどから来た 23 人の男性が「I-LAND」という名前の施設に集結。ここは理想のアイドルを生み出すために作った空間で、そのためのトレーニングができる場所があり、寝泊まりもできるように設計され

ている。ただし利用できるのは選ばれた者だけ。

　参加者たちは「I-LAND」に入るためにボーカルとダン
スのテストをはじめ、視聴者の投票、プロデューサーの評
価など、様々な関門をくぐり抜けようと努力する。その奮
闘ぶりを紹介したのが番組の前半で、後半では「I-LAND」
で暮らすことができた12人が次々と脱落して最終的に7人
に絞り込まれるまでを追っていった。

　参加者の数が他の番組に比べて少なく、あちこちに設置
したカメラで参加者たちの会話や表情がわかるため、キャ
ラクターの違いが把握しやすい点は評価すべきポイントだ。
　しかしながら、参加者が降格者を選んだり、自分のせい
で選ばれるべき男性が落ちてしまったりと、観ている側も
心を痛めそうな演出がいくつかあり、そのあたりは好みの
わかれるところだろう。
　また、個人成績順に与えられるものが違い（家族へ電話す
る権利やマッサージ機、ゲーム機など）、突然現れたBTSから応援
メッセージとスペシャルプレゼントをもらうといったシー
ンも、サバイバル番組特有の緊張感と面白さを薄めてしまっ
ているように思える。

　とはいえ、最終的に残ったのは歌もダンスもBTSの後輩として申し分のないレベルの7人だった。数々の審査や投票による「揺さぶり」と「追い込み」でメンタル面も強くなっており、芸能界の荒波にもまれてさらなる成長が期待できそうである。

　番組終了後ほどなくして、選ばれた7人はENHYPEN(エンハイプン)というグループ名で登場。初のミニアルバムのリードトラックでは、彼らの決意表明といえそうなフレーズが入っているのが印象的だ。

　　僕はこれから世の中をひっくり返す／空に自分の足を
　　踏み入れる　　　　　　　　　　　　　——「Given Taken」

　この熱い思いでK-POPシーンにどのような刺激を与えていくのか、楽しみでならない。

N i z i U

フレッシュな風が日韓の音楽シーンを変える

　東京・新宿の新大久保エリアにはK-POP関連のグッズを販売するショップがいくつかある。店先の目立つ場所に置いてあるのは、そのとき人気のあるアーティストのモノである場合が多い。私はここ数年、商品の並びを週イチのペースでチェックしているが、長い間BTSやTWICE、BLACKPINKばかりだったのが、最近は女性9人組のNiziU（ニジュー）のグッズが増え始めていることに気が付いた。

　彼女たちはK-POPのアーティストなのだろうか？　韓国出身のメンバーはいないし、歌う曲も日本語だ。人によっては「ノー」というに違いない。しかしながら若い世代、とりわけファンの中心層だと思われる小中高生にとっては、K-POP的な魅力を感じるグループであるようだ。その理由の1つは、NiziUを生んだプロジェクト『Nizi Project』（YouTubeやHuluで配信）にあるだろう。

　このプロジェクトは韓国の大手芸能事務所・JYPエンターテインメントとソニーミュージックによるもので、次世代のガールズグループを作る目的で立ち上げられた。

　応募総数は1万人。日本とアメリカの計10カ所で開催したオーディションで選ばれた26名が、ダンス、歌、スター性など、様々な面から審査を受け、さらに「可能性を実力に変えて、どれだけ成長できるか」という視点で最終メンバーが選ばれる。その過程において常に重要な位置にいるのが、JYPの中心人物であるJ.Y.Parkだ。

　審査やテストは韓国式で、だめなところはだめとはっきりいい、歌とダンスもパーフェクトを求められ、容赦がない。特に日本で生まれ育った参加者には相当きついのではないかと想像するが、それをわかってか、J.Y.Parkは次のように語りかける。

「自分自身と戦って、毎日自分に勝てる人が夢を叶えられます」
「短所がないことより、特別な長所が1つあることがもっと大切です」

　こうしたコメントに参加者たちは勇気づけられ、さらに努力を続けていく。J.Y.Park自身も数々の名言のおかげでファンが急増。自叙伝の出版や彼のモノマネをする芸人が現れるなど、NiziUに負けず劣らずの人気者になったのは記憶に新しい。

　『Nizi Project』は韓国式オーディションの厳しさを日本人にわかりやすく教えてくれた。それゆえに、日本とは違った審査システムにとまどいながらも正面突破してプロデビューしたNiziUを、K-POPのアーティストとして見る人がいるのもわかる気がするのだ。

　2020年は新型コロナウイルスのためにK-POP勢の来日がほとんどない状態だった。NiziUはその渇望感を埋める役割を担ったといえよう。日韓の往来が今よりも自由になったとき、彼女たちの存在はもっと重要になるはずだ。

　あ〜もう！　笑ってほしい　　──「Make You Happy」

　この歌詞の通り、明るいムードに変わることを信じたい。

想像していたすべての瞬間が

目の前に近づくそのときまで

あなたのためにダンスを踊る

—— IZ*ONE「幻想童話（Secret Story of the Swan）」

I Z * O N E

数々の苦難を乗り越えた日韓混成グループ

「世界を相手に活動するグローバルガールズグループをみなさんの手で作り上げてください！」

AKB48グループの協力を得て韓国エンターテインメントチャンネル・Mnetが企画した『PRODUCE 48』は2018年6月、司会者の力強いコメントで幕を開けた。

この企画はオーディション番組『PRODUCE 101』シリーズの第3弾となるもの。Mnetの関係者によると、「日本は音楽産業市場の規模が世界2位。一方でK-POPは全世界的に活動領域を広げている。こうした事実はアジアの音楽の流れを作るのに重要なキーワードになると考え、合作することにした」という。

番組では様々なバトルにチャレンジする参加者たちをカメラが執拗に追っていく。放送期間中に視聴者が最後まで

残ってほしい女性に投票して人気ランキングが決定。それを元にバトルの結果を加味した上で数回の脱落者発表を行い、最終回で活動期間限定のガールズグループ・IZ*ONE（アイズワン）としてデビューする12人が選ばれる。

　日本から参加できるのはAKB48グループ所属者のみ。対する韓国は芸能事務所の"歌手の卵"およびプロデビュー経験者がずらりと並ぶ。放送前は日韓で応募基準が違う点について不公平だという声もあったが、いざ審査が始まると、これが視聴者を惹きつける重要なポイントとなった。

　初回の放送でいきなり日本のアイドルの実力不足が露呈。レベル分けテストでは、AKB48グループ所属者の多くが「スタイルが古い」「ステージにあげられない」と酷評されてしまう。この時点で「日本人は誰も勝ち進まないのでは?」と思った視聴者は多かっただろう。

　だが、ドラマチックな展開は待っていた。「自分の人生を変えたい」と意気込んで参加した宮脇咲良は、堂々としたパフォーマンスを披露して最上位クラスへ。その気迫に奮い立ったのか、当初は評価が低かった本田仁美や矢吹奈子も徐々に実力を伸ばしていく。

　韓国勢も負けてはいない。マイナーグループ出身で再起

をかけるクォン・ウンビ、マイペースに見えても内に秘め
た情熱を感じさせるカン・ヘウォン、おじけづくことなく
挑戦し続けたチャン・ウォニョンなど、高評価だったのは
いずれも強い覚悟を持った参加者だった。

　この6人を含む最終投票の上位12人は、2018年10月に
IZ*ONEとしてデビュー。以降は出す曲すべてが記録的な
大ヒットとなり、グローバルな人気を持つアイドルになる
夢を早々と達成する。
　しかし、日韓関係の悪化や『PRODUCE 48』の投票数
の操作発覚などの影響で十分な活動ができたとはいい難い。
それでも2021年4月、当初より決まっていた期間通りで活
動を終了してしまう。

　　想像していたすべての瞬間が／目の前に近づくそのと
　　きまで／あなたのためにダンスを踊る
　　　　　　　　──「幻想童話（Secret Story of the Swan）」

　最後まで力を抜かずに進もうとする姿勢は『PRODUCE
48』時代から変わらない。だからこそIZ*ONEは短期間で
ビッグネームになれたと思うのだ。

JO1
韓国的な美意識を持つ日本人たちの挑戦

　実は『PRODUCE 101 JAPAN』（2019年9月から12月にかけてGYAO!で配信／TBS系で一部放送）から出たボーイズグループ・JO1（ジェイオーワン）をこの本で扱うかどうか直前まで迷っていた。

　というのも、オーディションの基本的な流れは『PRODUCE 101』シリーズを踏襲しているものの、この番組から生まれた日本人メンバーだけのJO1は、韓国での活動がないに等しい。それならNiziUと同じではないかとの指摘もあると思うが、吉本興業などが積極的に関わっているオーディション番組の出身で、主に日本のメディアで話題になっていることもあり、J-POPのグループといったほうがイメージ的に合うと思ったからだ。

　だが、彼らを生んだ『PRODUCE 101 JAPAN』は、審査のやり方以外にも韓国的な要素を大胆に取り入れており、やはり無視できなかった。

　それは韓国では当たり前の、ファンがお金を出して掲出する「応援広告」を番組が認めたことである。

　「推しMENを応援するにあたり、国民プロデューサーの方が使用可能な素材は、公式ロゴ、公式ホームページに掲載されている練習生プロフィール写真に限ります」

　「屋外広告、デジタルサイネージ広告等、公共の場所において、費用の発生する方法で応援を実施する際には、運営事務局まであらかじめ概要をメールにてご共有ください」

　『PRODUCE 101 JAPAN』は公式サイトでこのように告知した。関係者によると、最終的に約300件の広告が掲出されたが、トラブルは皆無だったそうだ。

　そしてもう1つ強調したいのは、日本人参加者から韓国発のオーディション番組に出演している意識が感じられる点である。多少のテレはあるものの、視聴者へのアピールの仕方がパワフルかつ真剣で、観ている側も思わず胸が熱くなるところも、韓国っぽい。

　普段の会話のノリが韓国的だったのも新鮮さを覚えた。例えば「ケミ」。ケミストリーの略で、「お似合いのカップル」「仲良しペア」という意味だ。韓国でよく使われる言葉だが、

JO1 はさらりとトークの中に入れてしまう。

　K-POPはダンスを筆頭にメイクやファッションなど、様々なモノが憧れの対象となってきたが、今の若い世代はK-POPアーティストの普段の立ち居振る舞いや話し方さえも吸収しようとしているのだろう。単なる"憧れ"から、同じような存在になりたいという"一体化"へ。日本のK-POPブームは早くも第2のフェーズへ進もうとしている──。JO1 を見るとそんなことを痛感してしまうのだ。

　　可能性試せ 燃立つ炎／本当の自分を見せて

　　　　　　　　　　　　　　　　　　──「無限大」

　デビューシングルに収められた「無限大」でこのように歌う彼ら。2021年2月には韓国の人気音楽番組『M COUNTDOWN』に出演。国境を越えた活動を本格的に開始した。

　J-POPとK-POPの境界線を無くして、より多くの人に愛されたい気持ちを優先するグループの活躍は、日韓の音楽シーンに何らかの良い変化をもたらすかもしれない。今後の動向を要チェックだ。

Heize

ヒップホップにとらわれない活動でブレイク

　比較的最近の話だが、たまたま見たネットの記事でJ-POP
の某ミュージシャンが、「ラップに対して違和感というか、
怖く思うリスナーがいるので歌に入れにくい」といった趣
旨の発言をしていて、「日本はいまだにそうなんだなあ」と
実感したことがあった。

　ご存じの通り、韓国は状況がまったく異なる。1990年代
からヒップホップ的なアプローチが目立つようになり、以
降はどんな曲調でもラップを挿入するのが“かっこいい”と
されてきた。それはリズミカルなナンバーに限らず、とて
つもなく悲しいスローバラードでも、トロット（演歌に似た
ジャンル）のような情緒的な曲でも同様だった。

　なぜ韓国の人はヒップホップ的なサウンドが大好きなの
だろうか？

　その理由は「一体感」を好むからだと考えている。仕事柄、韓国で行われている様々なライブを観ているが、出演するアーティストも客席も直接の交流を好む。あらかじめ決められた進行があったとしても、途中でファンとやりとりして中断や時間延長することもしばしば。そういう傾向が強い韓国の人たちにとって、コール＆レスポンスで同じ場所にいる人すべてが盛り上がれるヒップホップは打ってつけのジャンルなのだ。

　韓国でヒップホップの大衆化に貢献した番組として真っ先にあげられるのが、2012年にMnetで放送された『SHOW ME THE MONEY』（SMTM）である。最強のラッパーを決める同番組は現在も続いているが、人気は衰えていない。

　あまりの好調ぶりに気を良くした同局がスピンオフとして制作した『UNPRETTY RAPSTAR』（URS）も忘れてはいけない重要な番組だ。2015年に第1弾を放送し、シーズン3まで続いたが、こちらは女性限定でラップの実力を競い合うもの。SMTM以上に熾烈なバトルを繰り広げるのが見どころとなっている。

　両番組のおかげでヒップホップ系の実力派・個性派が数多く発掘され、K-POPシーンが活気づくとともに、ヒット

曲のヒップホップ色もどんどん強まっていった。

　そんな流れの中で、個人的に注目しているアーティスト
が、URSのシーズン2に出演したHeize（ヘイズ）という女
性"シンガー"だ。

　ラッパーと紹介しなかったのにはわけがある。もちろん
注目を浴びたきっかけはラップではあるものの、彼女の場
合は歌心が相当あってフロウ（歌いまわし）が限りなく歌謡
曲っぽい。特に聴いてもらいたいのが、男性シンガーソン
グライター・DEANをフィーチャリングしたメロウなナン
バーの「Shut Up & Groove」（2016年）だ。

　Aメロ・Bメロ・サビの区別がつかない構成はヒップホッ
プ的ながら、最後まで聴いた後の味わいはアーバンメロウ、
もしくはシティポップである。メロディラインを意識しな
がらたおやかに歌う彼女は、本当にURS出身なのかと疑い
たくなってしまう。

　　抜け出したい／愛か別れ／なぜすべて二分法なのか
　　／違うものが見たい　　──「Shut Up&Groove」

　同曲ではこのような歌詞が出てくるが、Heizeが理想とするスタイルを的確に示していると思う。ジャンルにとらわれない創作活動をしたい。それだけが望みなのだ。

　日本では注目されることが少ないものの、シーンの中心に居続ける彼女を追っていけば、K-POPに対する興味は確実にアップするはずである。是非意識して見てほしい。

ペク・イェリン

J.Y.Parkはその才能を
見抜いていたのか?

　数々のスターを生んだ敏腕プロデューサーのJ.Y.Parkは、かつて雑誌の対談で「採った人材のうち、8割は見間違いです(笑)。でも2割はスターになります」(『日経エンタテインメント!』2011年10月号より)と冗談めかして語っていたが、彼が公開オーディションで選んだ女性シンガー、ペク・イェリンについてはどう思っていたのだろうか?

　1997年生まれの彼女は、10歳のときに素人参加番組で注目を集め、前述のオーディションで合格してJYPエンターテインメント(JYP)の所属となる。そして2012年、女性デュオ・15&(フィフティーンアンド)のメンバーとして念願のプロデビューを果たす。

　相方のパク・ジミン(現在の芸名はジェイミー)は、人気オーディション番組『K-POPスター』の優勝者。ペク・アヨン、イ・ハイといった、のちに大ブレイクする参加者よりも評

価されていただけに、15&は彼女が常に主役で、ペク・イェリンは引き立て役だった。

くわえて、いくら曲を出しても期待するほどの反応がない状況に嫌気がさしたのだろうか、ペク・イェリンは腕にタトゥーを入れ、『UNPRETTY RAPSTAR』に出演するなど、新しい道を模索し始める。

ヒップホップで自分のスタイルを作るはずと思われたが、初のソロアルバム『FRANK』（2015年）は、意外にも AOR 路線だった。この大胆なイメージチェンジは、プロデュースした男性ミュージシャン・クルムによるものだと見ている。彼はCHEEZE というマニアックなポップスをやるユニットの中心メンバーであり、自身の好みの曲をそのままペク・イェリンに提供したようだ。

同作は国内外で高い評価を獲得。自信をつけたクルムは CHEEZE を離れ、ソロアーティストとして彼女とのコラボレーションを続けていく。

作品はすべてヒットチャートの上位に。となると、JYP にいる必然性がないと考えるのは当たり前である。ペク・イェリンは、2019年に自主レーベルを立ち上げて独立。インディーシーンに身を置きながら、以降のソロ作はすべて好セールスを記録し、話題の韓流ドラマ『愛の不時着』の

挿入歌を担当してグローバルな知名度も上げている。

　J.Y.Parkは育て方を間違えたのだろうか？

　私はそうは思っていない。そもそも一度のオーディショ
ンで参加者の魅力のすべてを見抜くこと自体が無理なのだ。
しかも選ばれたのがローティーンであれば、持ち味もどん
どん変化していくだろう。まずは15&で顔と名前を売るや
り方は妥当だったと思う。

　とりあえずプロになったら、後は自分の力で切り開いて
いくしかない。ペク・イェリンの成功は、オーディション
で選ばれることがすべてではないと教えてくれた。

　　悲しみから抜け出して／あなたの窓に太陽の光が射し

　　こむように　　――「Popo（How deep is our love？）」（2019年）

　これは、独立後に出した初のアルバムのリードトラック
のワンフレーズである。理想の自分に近づこうと努力する
彼女が発信するメッセージは、すべてが明日への活力とな
る。だからこそ新曲を出すたびに聴きたくなってしまうの
だ。

イ・ジナ

ジャズとポップスを融合する
シンガーソングライター

『ジャズ批評』という音楽専門誌で10年以上連載を続けている。

　タイトルは「K-POP番長の "JAZZも韓流!?"」。最新の韓国ジャズでこれはと思うものを紹介しているが、ここ数年は生きのいいアーティストや充実した作品がなかなか出てこなくて頭を悩ませている。

　データがないので想像の域を出ないが、長引く不況で飯が食えない、リスナーも増えない、だったら別の道へ進もうと考えるジャズ関係者が増えているのかもしれない。

　ならばジャズは景気が良くならないと盛り上がらないのか。そんな懸念を取り払ってくれたのが、女性ピアニスト／シンガーソングライターのイ・ジナだ。

　1991年生まれの彼女は、4歳のときからピアノを始め、教会で賛美歌などの伴奏をするようになったのが13歳の頃。

そのあたりからジャズに関心を持つようになったという。そしてソウル芸術大学では実用音楽を専攻。この時期にポピュラー音楽の面白さを知り、自分のスタイルに取り込んでいったようだ。

　イ・ジナが作る音楽はオーソドックスなジャズではない。現代的なポップスやソウルミュージックのエッセンスを吸収したジャズといえばいいのだろうか、ジャズ未経験の若者にも十分アピールできる美しいサウンドはオンリーワンの輝きがあり、他の追随を許さない。

　ボーカルも個性的だ。キュートでほのぼのとした歌唱は人によって好みがわかれるところだが、芸大出身らしく音程はしっかりとしており、感情表現も豊かである。

　そんな彼女がブレイクするきっかけとなったのは、オーディション番組『K-POPスター』のシーズン4（2014年〜2015年）への参加だった。惜しくも敗退してしまったものの、審査員のみならず視聴者にも強いインパクトを与えたようで、出演後に人気が急上昇。クオリティの高い自作曲で着実にファンを獲得しつつ、テレビドラマの挿入歌やフィーチャリングなど多方面で引っ張りだこの状態が続いている。

　数多いオリジナル曲の中で是非聴いてもらいたいのが、
「階段」（2017年）だ。
　人生を階段に例えた歌詞や、ミシェル・ペトルチアーニ
を思わせる力強いピアノプレイを聴くと、生きる活力がわ
いてくる。

　　階段を一歩一歩／一段ずつ踏み出してみる／急がず
　　ゆっくり／今、この風を感じて／立ち止まっても大丈夫
　　／降りてもいい　　　　　　　　　　　──「階段」

　先に誰もいない場所に入っていくのは不安しかない。そ
れでも行きたいと思う気持ちがあるのだから行ってみよう。
ただし焦らずマイペースで。そう自分に言い聞かせるよう
に歌う彼女。非常に人間味のあるミュージシャンだと思う。

K-POP
の
その先へ

未来を描くアーティストたち

　K-POPは常に「予想外」である。だから数か月先でも
トレンドを予測することは難しい。

　韓流ドラマ『冬のソナタ』のヒットで日本でも韓国の
文化にスポットライトが当たるようになった2004年、「こ
れでK-POPも認知度が上がるだろう」と思っていたら、注
目されたのは、人気ドラマのオリジナルサウンドトラッ
クに参加している、本国では比較的マイナーな歌手が大
半だった。

　ところが、2010年に入ったとたんに状況は一変。少女
時代やKARAといったガールズグループの活躍で、日本
におけるK-POPの人気はうなぎ登りに。おかげで韓国の
旬のアイドルが日本で活動する機会も一気に増えたので
ある。

　2014年のMAMAMOOの登場も意表を突かれた。その直前まで韓国のガールズグループで目立っていたのは、清純派かセクシー系のどちらか。彼女たちはいずれにも当てはまらなかった。今はガールクラッシュという概念が確立されたが、当時はそんな言葉もなかった。

　最近のボーイズグループは大所帯が当たり前になりつつあるが、ひと昔前は「人件費がかかる」「スケジュールが合わせにくい」と嘆いていた芸能関係者が多かったように思う。ところが今では「兵役中のメンバーがいても活動できる」「ソロ活動しやすい」とメリットばかりを口にする。古くからK-POPを知る者にとっては驚くべき状況の変化だ。

　驚くといえば、現在のBTSも同様である。確かにずっと人気のあったグループだが、ビルボードの総合チャー

トで1位を獲る存在になるなんてことは初期の時点では

（当然だが）想像していなかった。

　K-POPはこのように専門家でさえも予測・分析するの

が難しいジャンルだ。だが、大きな動きが起きる前にそ

のヒントとなるようなものが出てくる場合もある。

　韓国で少女時代やKARAをはじめとする若手アイドル

グループが次々と登場するようになったのは、PART2で

紹介したWonder Girlsの大ブレイクがきっかけであった

し、MAMAMOOがビッグネームになった時期は、彼女

たちと似たコンセプトを掲げる先輩格のBROWN EYED

GIRLS（ブラウンアイドガールズ）の活動が失速気味になっ

た頃と重なる。となれば、現在のシーンを丁寧にチェッ

クしていくと、「K-POPの未来」を知る手掛かりは見つけ

られるかもしれない。

　この章でセレクトしたのは、有名、無名、ベテラン、新人と様々だが、新しいものを作り出そうとする意志を感じ取れる点では同列だ。10組のアーティストのうち、誰がK-POPの未来を作り出せるのだろうか——。

J.Y.Park／
Rain（ピ）

K-POP界の重鎮が進む新たな地平

　J.Y.Park（パク・ジニョン）がもし存在しなかったら、K-POP
はどうなっていただろうか？　少なくともダンスミュージッ
クに関しては状況が一変していたに違いない。それほどま
でにシーンに大きな影響を与えた男性アーティストなのだ。

　彼はかつて日本のメディアの取材（エイチ・シー・ピー刊
『K-POPバイブル2005』）に対して次のように答えている。
　「韓国ではブラックミュージック（注釈：R&Bやヒップホップ、
レゲエ、ファンクなど黒人コミュニティ発祥の音楽の総称。他のジャン
ルに比べてリズムを強調する場合が多い）の音だけ持ってきてもだ
めなんです。私はダンサー出身ですから、その音にダンス
を取り入れました」
　この考え方は1994年のソロデビュー以来、少しもブレる

ことがない。どんな時代になっても変わらずに目指してき
たのは、ブラックミュージックの大衆化だ。

　J.Y.Park は、自身のスタイルのみならず、プロデュース業
でも同じ美学を貫いた。1999年には、2大ボーイズグルー
プ＝ H.O.T. と SECHSKIES に対抗するべく、男性5人組・
god（ジーオーディー）をシーンに送り出す。彼らは近所のお
兄さん風のメンバーによる本格的な R&B という意外性が受
けてスターダムへ。

　2000年にモデル出身の美少女シンガー、パク・チュンを
手掛けたときも、ファンクをベースにしたサウンドで勝負。
どちらかといえば清純派だった彼女がグルーヴィなサウン
ドに乗りながら艶めかしく踊る姿は、多くのリスナーから
好意的に迎えられている。

　アイドルユニットを経て2002年にソロデビューを果たし
た男性シンガーの Rain（ピ）は、J.Y.Park の分身ともいえる
存在だ。洗練されたビジュアルと個性的な歌声、おまけに
ダンスの才能にも恵まれている。スターになる要素がすべ
てそろった彼を、J.Y.Park は全力投球で教え育てた。その結

果、登場後ほどなくしてK-POPを代表するアーティストの
1人になったことはいうまでもない。

　最近はTWICEやITZYといったガールズグループの曲作
りに参加しているが、相変わらずブラックミュージックを
基本にした作風を続けているのはさすがだ。
　K-POPシーンで当初の目的を果たした彼は、新たな地平
を目指して再び積極的に動きだしている。それは"日本に
おけるブラックミュージックの大衆化"である。

　ソニーミュージックと共同で開催した『Nizi Project』は
野望への第一歩といったところだろう。このプロジェクト
で日本の視聴者を夢中にさせたのは、1万人の応募者の中
から選ばれた9人の少女＝NiziUであることは間違いない
が、同時に彼の厳しくも愛情のあるコメントを期待してい
た人もかなりいたと思う。

「あのような魅力的な人が歌うオリジナル曲を聴いてみた
い」

　そんな世の中のニーズを受けて、2020年10月に日本で

J.Y.Parkのベスト盤がリリースされた。彼の生み出すブラックミュージックがJ-POPのメインストリームを変える日は案外と近いかもしれない。

　同年の大みそかにJ.Y.Parkは、韓国でRain（ピ）と組んで華やかなダンスナンバーを出している。

　　僕にチャンスをくれよ

　　　　　　　　　　　——「**僕に変えよう**（Switch to me）」

　何度も繰り返されるこのフレーズは、もしかすると日本のリスナーに向けて歌っているのだろうか？

BVNDIT
コロナ禍での活動を通して
彼女たちが伝えたかったこと

　この章のテーマである「未来志向のアーティスト」を書くにあたって、すぐに思いついたのが、アイドル系の女性5人組・BVNDIT（バンディット）だ。

　2019年にデビューしてしばらくの間はエキゾチックな香りのするダンスポップを売りにしていたものの、大きなヒットには恵まれず。1曲1曲をじっくり聴くと良いところもいくつかあるのだが、幅広い層のリスナーに届けるには今ひとつといった感じだった。

　ところが、である。彼女たちはそのままで終わらなかった。「どうせなら普段できないことをやろう」と思ったのか、従来のスタイルを捨ててマニアックなサウンドにチャレンジし始めたのである。この潔さは比較的小さな芸能事務所の所属だからかもしれないが、良いアイデアが出たらすぐに実行する姿勢はやはり韓国ならではのアーティストだと

痛感する。

　2020年2月にリリースした「Cool」は、彼女たちにとって会心の1曲だった。基本はダンスポップだが、リズムが急に変わったり止まったりと踊りにくい。メロディラインは親しみやすく思わず口ずさみたくなるものの、歌詞はすべて英語。「別に一緒に歌ってほしくないから」風の態度がタイトル通り"クール"だ。アレンジはロックバンド的なかっこよさを追求したのか、できるだけ余計な音を加えていない感じだ。しかしながら曲の終盤に映画のサントラらしき音をさりげなく挿入するなど粋な演出も忘れない。

　BVNDITはコロナ禍の中でもう1つ、レベルの高い曲をリリースした。同年4月に発表した「Children」は、大人になっていく自分が不安だと母親に打ち明けるという歌詞にぐっとくるR&Bバラードである。

　この曲が面白いと思ったのは、K-POPのトレンドであるガールクラッシュの要素がほとんどない点だ。弱い自分をさらけだしつつ、だからといって堂々としているわけではなく、結局は母親に甘えてしまう。決してかっこよくはな

い。けれども子供から大人へと変わっていく時期を的確に
表現できるのは、20代前半のメンバーがそろう今の
BVNDITしかない。そこに気付いた彼女たちはヒット度外
視であえてこの曲を歌ったのだと思う。

　結果を恐れずにやりたいことをやる。こうした態度は言
葉にすれば「なるほど」と共感するが、なかなか行動に移
せない。だが、BVNDITのようなニューフェイスでさえも
やっているのを見ると、自分だってできないはずがないと
おのずと力が入ってくる。

　　　クールにキメる　　　　　　　　　　　——「Cool」

　このサビのフレーズは、「とにかく挑戦してみる」と言い
換えられるかもしれない。この前向きなメッセージの通り、
迷わず動けるような人間になりたいものだ。

チョ・ジョンソク

閉塞感のある時代に求められる優しさ

　ヒットチャートの常連は時がたてばどんどん変わってい
く。しかし K-POP の世界では長きにわたって支持されてい
るものもある。それはテレビドラマのオリジナルサウンド
トラック（以下、OST）だ。

　日本でもドラマの関連曲はよくヒットする。とはいって
も、大抵は1つのドラマで1、2曲ヒットする程度だろう。
韓国の場合は、1話ごとに新しい挿入歌がリリースされる
ケースがよくあるため、人気ドラマの場合だと10曲近い関
連曲がチャートの上位を独占することもめずらしくない。

　日本でも2004年頃、ペ・ヨンジュンとチェ・ジウ主演の
大ヒットドラマ『冬のソナタ』がきっかけとなり、韓国の
OST が注目を集めた時期があった。同作の主題歌を歌った
Ryu（リュウ）や、イ・ビョンホンなどが主演したドラマ『美
しき日々』で注目を集めた ZERO（ゼロ）といった歌手がた

びたび来日してライブを行うほどの人気ぶりだったが、実
はそのほとんどが韓国では知られていない人ばかり。当時、
OSTに参加するのは無名の歌手もしくは新人がほとんど
だったからである。

　現在もOSTを主戦場として活動する歌手はそれなりにい
るが、状況は『冬のソナタ』のときとは大きく変わってい
る。2020年に日本で社会現象になるほどヒットした韓流ド
ラマ『愛の不時着』のOSTを見ると、10cm（シプセンチ）、ユ
ン・ミレ、DAVICHI（ダビチ）など、K-POPのトップスター
の名前が多いことに気付くだろう。この作品に代表される
ように、今のドラマOSTは旬の歌手が参加するのが当たり
前となっているのだ。

　売れている歌手が人気ドラマの挿入歌を歌う。それだけ
でヒットするのは当然といった感じだが、最近は少し変わっ
たタイプのドラマOSTも受けているのが興味深い。
　大学の医学部で出会った5人の男女の日常を描いたヒュー
マンメディカルドラマ『賢い医師生活』（2020年）は、ストー
リーの面白さもさることながら、懐かしのK-POPソングを
主人公たちのバンド演奏や歌を通して紹介するシーンが話

題を呼んでいる。

　韓国で俳優が歌うことはよくあるが、楽器を弾きながら歌うのはかなりレアで、しかも演奏もそれなりにうまいから驚いてしまう。カバーしているのは1990年代から2000年代にヒットした韓国の人にとってはおなじみのナンバーが多く、中でも主演の1人であるチョ・ジョンソクが歌った「アロハ」（男女3人組・COOLの2001年リリース曲のカバー）は、BTSの「Dynamite」とともに2020年のK-POPを代表する1曲になるほどのヒットを記録した。

　誰もが知っている歌を有名な俳優が歌っているという安心感。閉塞感のある社会はこうしたスタイルがますます必要とされていくだろう。

　　君だけいればいい　　　　　　　　　　　　　——「アロハ」

　チョ・ジョンソクは同曲で優しく語りかける。日々の生活で疲れている人々にとってはこれ以上の癒しの言葉はないはずだ。

BIBI

ガールクラッシュの次の扉を開く異才

> Chips and chips and chips and／命をかけるね／私はこ
> こにかけてあの子はあの人をかけて／Demon under
> the table／言葉をかけて／Risk it risk it risk it till the
> last dime
>
> ──「社長、賭博は楽しんでやらないといけません」

　これは2020年に女性シンガーソングライターのBIBI（ビ
ビ）が発表したシングルの歌詞の一部分である。

　曲のタイトルのクセも強いが、賭博場でのやりとりと恋
愛のかけひきを重ね合わせて、独特の表現や言葉をちりば
めていくセンスも相当なもの。ただ者ではないと痛感した。

　ボーカルもユニークだ。決まったコード進行とリズムを
繰り返すというソウルミュージックのマナーを守りながら、
肝心の歌はそれほどソウルフルでもない。サビは自分の声

をサンプリングして組み合わせたもので、実際に歌うには難易度が高そうである。甘えているようでいて距離を置いているような、どっちつかずの雰囲気を醸し出す声質も過去になかったタイプだと思う。

　BIBIの実力は、あのJ.Y.Parkも認めている。ソロ名義のシングル「FEVER」にデビューしてまもない彼女をゲストシンガーとして招き、自身が手掛ける人気ガールズグループ・TWICEのヒット曲「MORE & MORE」では作詞家として起用するなど、破格の扱いを受けている。

　芸名＝BIBIは「Naked bibi」を略したもの。生まれたばかり（Neked）の赤ちゃん（babyを早口でいうとbibiと聞こえる）は何も着ていないし、何の影響も受けていない。そんな風に本来の私を見せたいとの願いが込められているそうだ。
　オーディション番組で準優勝になり、2019年にプロの道に進んだ彼女は、芸名の通り、自分がやりたいことをどんどん実行していく。オリジナル曲も定期的にリリースしているし、コラボレーションの依頼も多い。

　すべてが順風満帆のように見えるものの、やはりコロナ

禍でステージに立つ機会が少ないせいか、ライブパフォーマンスに関してはまだまだのようだ。だがそれもいずれ克服するだろう。

　BIBIの歌は、BLACKPINKやMAMAMOOといったビッグネームのガールクラッシュ的なムードとは違う何かを感じさせる。自分らしく生きるという点では共通しているものの、BIBIの場合はみっともない姿やどろどろとした感情をあえて楽しんでいるようなところがあるのだ。

　冒頭の歌詞にある通り、創作活動に「命をかける」BIBIは、次世代のガールクラッシュのけん引役になるような気がしてならない。

誰が見てもソウルの女

雰囲気がある

さまになっているみたい、努力したから

—— YUKIKA「Soul Lady」

YUKIKA

日 本 人 が 韓 国 語 で 歌 う
日 本 産 ポ ッ プ ス の 面 白 さ

　2020年のK-POPを象徴する1曲はBTSの「Dynamite」
で決まりだが、「2020年の音楽シーンを…」と定義が変わ
ると、答えは変わってくる。それはずばり、日本の女性シン
ガー・松原みきの「真夜中のドア〜Stay With Me」だ。

　この曲は40年以上前に日本でリリースされた曲だが、時
を超えて世界各国でヒットしている。ストリーミング（イン
ターネットで映像や音楽を再生すること）サービスのSpotifyの
「グローバルバイラル（世界中のSNSで話題の曲）トップ50」で
は1位を獲得し、同じくストリーミングサービスのApple
MusicのJ-POPランキングでも多くの国でトップに輝いた
という。

　他にも竹内まりやの「プラスティック・ラブ」（1984年）
や大貫妙子のセカンドアルバム『SUNSHOWER』（1977年）

など、海外で人気のある日本の古い曲やアルバムは意外と多い。このように今、外国人に受けているサウンドの多くはいずれも「シティポップ」と呼ばれるジャンルに該当する。

シティポップとは美しいメロディラインと洒落たコードが特徴の日本発のポップスで、1970年代後半から1980年代にかけてたくさん発売された。それを海外の人たちが面白がって聴くという傾向は、2010年代に入った頃から顕著になっている。

実はお隣の国・韓国も例外ではない。ここ数年はメジャーシーン、インディーズともに、シティポップを意識した音作りが流行っており、日本に住む人にとっては、昔よく聴いた曲調が現代の韓国でもてはやされている現象が面白く感じられるだろう。

YUKIKAは韓国のシティポップブームの一翼を担う歌手である。名前からわかる通り、彼女は日本人で、フルネームは寺本來可（てらもと・ゆきか）。

日本で雑誌のモデルや女優、声優として活躍後、拠点を

韓国に移した彼女は、2019年2月にデビューシングル
「NEON」をリリースしてK-POPシンガーとなった。

　自分のメインカラーとして取り入れたのはシティポップ。
だからといって教科書通りにやっているわけではない。彼
女はこの点について次のように語っている。

「レトロなテイストがベースにあるけど、サウンド的な面
は楽器をたくさん入れたりする、K-POPの良さを取り入れ
たシティポップになっているなと感じます」(『文春オンライ
ン』2020年9月23日付の記事より)

　そんな試みが実を結んだのが、2020年7月に発表した
ファーストフルアルバムのリードトラック「Soul Lady」だ。
懐かしい雰囲気はあっても、現代的なセンスがいたるとこ
ろに感じられる音像は、韓国のシティポップが進歩・成熟
していることを物語る。韓国で活動する日本人＝YUKIKA
をイメージした歌詞も秀逸だ。

　誰が見てもソウルの女／雰囲気がある／さまになって
いるみたい、努力したから　　　　　　——「Soul Lady」

　ここで注目したいのは、「Soul Lady」が外国人の憧れの対象として描かれているにもかかわらず、サウンドは古き良き時代の日本で流行ったシティポップである点だ。このねじれ具合を無理なくまとめた本人および制作スタッフには感服せざるを得ない。

　2020年12月末、YUKIKAはさらなる成長を目指して新しい事務所へ移籍。翌年の4月にミニアルバム『TIME ABOUT』で本格的にカムバックした。彼女流のシティポップの第2章に期待がかかる。

C r u s h

自 然 体 で 作 る R & B の あ ら が え な い 魅 力

　K-POPがそれほどメジャーなジャンルではなかった時代
の日本では、「韓国の音楽ってほとんどJ-POPだよね」と
いう人が結構いた。

　確かに歌手の卵たちを合宿生活で鍛えるやり方などは日
本の芸能界を参考にしたと思われるが、サウンドに関して
はJ-POPよりもアメリカのトレンドを意識して作ってきた
というのが実際のところだ。しかもそれはK-POPの黎明期
（1990年代初頭）から現在にいたるまで少しも変わってはいな
い。

　中でもR&Bやヒップホップといったブラックミュージッ
クの吸収力はとても高く、早い段階からアジア的なメロディ
とのミックスを試みてきた印象がある。特に帰国子女や留
学生などが持ち込んだ"本場の空気"を取り入れたことは、
K-POPがワールドワイドなジャンルに成長していく過程で

必要不可欠な要素だったと思う。

　男性シンガーソングライターのCrush（クラッシュ）は1992
年生まれ。物心ついたときからこうした韓国産のブラック
ミュージックを浴びるように聴いてきた世代だ。中学生で
R&Bに興味を持つようになり、独学で作詞・作曲の腕を磨
いたという。

　彼の書く曲はどれも品があって美しい。最たる例として
出世作『Crush On You』（2014年）に収められた1曲を紹介
したい。

　　隣で目を閉じるとき／君を抱き寄せるとき／僕は感じる
　　ことができる／息ができるんだ
　　　　　　　　　　　　　　　　　——「Whatever You Do」

　このような甘い歌詞がロマンチックなストリングスの調
べと絡み合い、幸せに満ちたストーリーが展開していく。さ
らに少し乾いた歌声が愛する人への思いの強さを的確に表
現しているせいか、わずか3分半の曲なのに長編の恋愛映
画を観たような満足感がある。

　韓国人好みの情緒的なサウンドといえばそうかもしれない。それでも本場のR&Bの香りもそこはかとなく漂っているし、じっくり聴けばウエットなところが意外と少ないことにも気付く。やはり彼が生み出す世界はありきたりではないのだ。

　レコーディングされた音だけじゃなく生のステージもチェックしたい──。Crushの虜になった私は2018年の秋、いてもたってもいられずに韓国へ行った。野外フェスティバルに出演する彼を間近で観たときの感動は今でも忘れられない。

　ステージでの彼は、YouTubeにアップされている映像と同様に一見クールに見える。しかし生は違う。"静かなる闘志"がしっかりと伝わってくるボーカルは格別だった。
　バックバンドもテンションが高い。R&Bだと思って聴いていた曲もライブではロック的なダイナミズムを感じさせ、スローバラードでもヒップホップ的なノリを前面に出してくる。ジャンルレスな音楽とはこれなのだといわんばかりの熱い演奏だった。

　Crushのように理想の音を求めて思う存分にやるアーティストが好きだ。

　ブラックミュージックの枠に収まらず、他のジャンルにも目を向ける態度は、音楽ライターを続けていく上で参考になっている。「Whatever You Do」の歌詞のように、素直な気持ちを大切にする生き方にも共感する。

　自由な発想で作られたオリジナル曲の数々は、「本当に好きなことをやっているか？」「果たしてそれは正解なのか？」と常に問いかけてくる。その都度考えこんでしまう私は、いまだに "道半ば" なのだろう。

ZICO

コ ロ ナ 禍 の 時 代 に マ ッ チ し た 曲 が 大 ヒ ッ ト

　曲がヒットする理由の1つに「時代の空気にマッチする」というのがある。2020年上半期のK-POPシーンでは、シンガーでラッパーのZICO（ジコ）が歌う「アムノレ（Any Song)」がまさにそうだった。歌詞は次のような感じだ。

　どんな歌でもとりあえずつけて／何だって大丈夫だから／It's so boring／どうやらリフレッシュが急ぎで必要みたいだ／積もっていくストレスが／腹を抱えるほど爆笑したい日だよ　　　——「**アムノレ**（Any Song)」

　この曲がリリースされたのは同年の1月13日。新型コロナウイルスの問題が深刻化する前に制作されている。にもかかわらず、歌詞はステイホームを強いられた一般の人たちの気持ちを代弁するかのような内容だったため、多くの共感を得たのである。

　楽曲のノリの良さも成功した要因の1つだ。サンバのリズムを効果的に使ったトラックと親しみやすいキュートなダンスは、ストレスの発散にもってこいだった。

　やがて「アムノレ」の振り付けを真似した動画をSNSでアップすることがちょっとしたブームに。そんな流れもあって、同曲はヒットチャートのベスト10内に4か月ほどランクインするほどのヒットを記録。子供からおじいちゃん、おばあちゃんまで、幅広い世代に愛された1曲となった。歌った本人も「思いもしなかった」と驚いているという。

　ZICOはアイドルグループ・BLOCK B（ブロックビー）のリーダーとして2011年、K-POPシーンに登場している。当時の彼らのイメージは「自由奔放」。それゆえに問題を起こすこともあった。ところがグループのポテンシャルは高く、活動を続けていくうちに音楽的なセンスが磨かれていく。中でも飛びぬけて実力を上げたのがZICOだったのである。

　彼に興味を持つようになったのは2015年、Crushのシングル曲「Oasis」にゲスト参加したあたりだ。ブラックミュージックが持つ "ヤバさ" と親しみやすさを兼ね備えたZICOのラップはK-POPシーンではかなりレアだと思った。

　以降もアイドルや実力派など垣根を越えたコラボレーショ

ンを次々と行った結果、ソロとしての知名度が急上昇。翌年の『メロンミュージックアワード』では、音楽だけで勝負してヒットさせた人に贈られる「ホットトレンド賞」を受賞するほどの存在になったのだ。

　このときの授賞式の席で彼は「メジャーとマイナーの境界が崩れ、多様なミュージシャンと音楽が共存していた」と、当時のシーンを振り返っていたが、その状況を後押ししていたのは他ならぬ自分自身であることを本人もわかっていて発言したのだろう。

「アムノレ」はZICOの理想とする音楽の最終形だ。メジャーシーン、インディーズを問わず多くの音楽関係者に評価され、幅広い層のリスナーを魅了した。前述のコメントの通り「境界を崩した」のである。そして同時に、つらいときには世代や性別などを超えて1つになることの大切さも教えてくれた。本当にものすごい曲なのだ。

　　※タイトルの「アムノレ」とは直訳すると「どんな歌」だが、他にも「アムゴナ（何でも）」や「アムレド（どうやら）」など韻を踏んだ表現で作られた歌詞のため、そのニュアンスを尊重して韓国語のタイトルのまま表記した。

LOONA

独自路線で世界進出した
気鋭のガールズグループ

　アイドルが長い間生き残るのは至難の業だ。1曲か2曲の
ヒットがあっても安定した人気を維持することは難しい。そ
こでメンバーのソロ活動を活発にしたり、グループであれ
ば別ユニットを組ませたりと、あの手この手で勝負をしか
けていく。

　そんな中、通常の攻め方をあえて避けて、逆転の発想で
生き延びようとするアイドルもいる。2018年8月に正式デ
ビューした女性12人組のLOONA（今月の少女）は、まずメ
ンバーとなる女性たちを毎月ソロデビューさせて、12人そ
ろった時点でグループとして出発するという風変わりな手
法を選んだ。

　12人の完全体となるまでに約2年かかってしまった（当
初のコンセプト通りに毎月デビューさせなかったところが韓国らしいと
もいえる）が、各メンバーのファンを事前に獲得できたおか

げで、グループのファーストコンサートのチケットはすぐ
にソールドアウトになったという。

　LOONAは奇抜な売り方のみならず、音楽のスタイルも
他とは違っていた。先行リリースしたメンバーのソロ曲は
それぞれの個性に合わせて、アコースティックポップ、
EDM、アイドルポップスと多種多彩。それぞれの違いが楽
しめると同時に、グループとしてはどのような音になるの
かまったく予測できない点が何よりも面白かった。

　ミュージックビデオ（MV）もユニークなものが多い。ど
の作品も時間とお金をたっぷりかけた演出を施し、シリア
スな映画風やコメディ調などバラエティに富んだ映像で観
る者を飽きさせない。グループとしての代表曲「Butterfly」
（2019年）のMVでは、宮殿のようなスペースで蝶のように
舞い踊る場面と、世界各地の女性たちの姿を組み合わせる
ことで〝自立した女性〟をアピール。既存のアイドルのイ
メージを壊そうとする意図が感じられるこの作品は、
K-POP史に残るほどの完成度の高さを誇る。

　このように何から何までインパクトのあるグループでも、

韓国でダントツの人気があるわけではない。むしろ海外で
の人気のほうが盛り上がっており、彼女たちの作品が世界
各国のiTunesのチャートで1位を獲ったり、米ビルボード
のメインチャートで好成績を収めたりと、国境を越えて多
くのリスナーに支持されている。

　ちなみに彼女たちは大手の芸能事務所に所属していない。
しかも従来の成功の法則に縛られることなく活動した結果、
海外で成功を収めた。こうした展開はBTSと似ていると
思った人も多いだろう。

　2020年秋に国内外でヒットしたLOONAの「Why Not?」
には、このようなフレーズが登場する。

　　想像してみて すべて叶うよ／道が現れるの 自然に／
　　顔色をうかがわないで それが大切　──「Why Not?」

　彼女たちの肯定的なメッセージは、ワールドワイドな活
動を夢見る後進に勇気と希望を与えたはずだ。聴いている
側もパワーをもらった人は多いだろう。私もその1人だ。

想像してみて　すべて叶うよ

道が現れるの　自然に

顔色をうかがわないで　それが大切

—— LOONA「Why Not?」

aespa

大手から登場したコンセプト重視のアイドル

　2020年11月、韓国の大手芸能事務所・SMエンターテインメント（以下、SM）所属の女性4人組・aespa（エスパ）がデビューを果たした。同事務所がニューグループを手掛けるのはNCT以来で4年ぶり、ガールズグループとしては2014年にデビューした Red Velvet 以来で6年ぶりとのこと。これだけでも注目に値するが、それ以上にK-POPファンの関心が集まったのは、コンセプト重視のグループという点だった。

　グループ名は「Avatar X Experience」を意味する "æ" と、aspect（両面、側面）をミックスしたもの。現実世界のメンバー4人と仮想世界のアバター（メンバーの分身）4人が共に存在し、その中間にあるデジタル世界でコミュニケーションを取りながら互いに成長していくことを目指すそうだ。

　SMのイ・スマン総括プロデューサーはaespaに関して

「まったく新しい革新的な概念のグループ」（2020年10月28日、
『世界文化産業フォーラム』の演説より）と熱く語っている。

　実のところ、アバターを使うのはそれほど新しい発想で
はない。過去にも似たケースがあり、最近では（方向性はaespa
と異なるものの）K/DAというバーチャルグループが活躍して
いるせいか、仮想世界を使って何かをやること自体、すで
にリスナーが慣れてしまっているような気がするのだ。
　それでもあえてaespaをK-POPシーンに投げ込んだのは、
SMが数々のオンラインライブで試したことをアーティス
トの通常の活動でも応用してみたいと思ったからではない
だろうか。

　同社は2020年春、NAVERとともに有料のライブスト
リーミングサービス「Beyond LIVE」を立ち上げた。ここ
で通常のライブとは異なる体験をしてもらおうと、デジタ
ル映像を取り込んだステージ演出やペンライトの連動、リ
アルタイムでの視聴者との交流など、オンラインならでは
の面白さを追求して好評を得ている。

　今までに「Beyond LIVE」を開催したのは、SuperM、

NCT127、東方神起、SUPER JUNIORといったSM勢の人気グループに加え、JYPエンターテインメント所属のTWICEやStray Kidsなどビッグネームばかり。

　だからこそ時間とお金をかけていろいろとチャレンジできたわけで、ここで得た経験と知識を新人にも使ってあげたいと思うのは、当然といえば当然かもしれない。

　aespaは今後、現実世界のメンバーのオフラインでの活動と並行して、仮想世界のメンバーも多彩なコンテンツを披露するそうだ。

　　あなたには負けられない　　　　──「Black Mamba」

　デビュー曲で力強く歌う彼女たちがつかもうとしているのは、ライバルを寄せ付けない唯一無二のポジションなのだ。

花咲く
インディーズ
カルチャー

chapter 6

多彩な魅力で聴かせるアーティストたち

　K-POPのメインストリームはダンスポップとバラード
であることは間違いない。日本にやってくる韓国のアー
ティストの得意とするスタイルも大抵どちらかである。

　しかしながら、他のジャンルも負けてはいない。単に
海外で知られていないだけで、それなりの支持層を獲得
しつつ、ライブハウスやイベントを中心に活躍してい
る"ダンスポップとバラード以外"の人気者も結構いる
のだ。

　ではどんなジャンルがあるのか。それを知るには、毎
年2月頃に開かれている『韓国大衆音楽賞（KMA）』を
チェックするのが手っ取り早い。同賞の公式サイトには
受賞候補者が写真とともに掲載されているが、メジャー、
インディーズを問わず、その年に充実した音楽活動をし
た人やグループを対象にしているのがわかる顔ぶれだ。

　ちなみに 2021 年の「今年の音楽人」候補は、BTS、ペク・イェリン、ソヌ・ジョンア、イナルチ、チョン・ミラ。BTS は別格として、残りのアーティスト名をすべて知っている日本の K-POP ファンは多くないだろう。それもそのはず、彼ら・彼女らはメディアで派手に取り上げられるようなタイプではないからだ。日本での知名度が低いのも当然である。

　BTS の音楽スタイルは説明するまでもない。残りのアーティストが気になるところだが、音の傾向を大雑把にいえば、ペク・イェリンはシティポップ、ソヌ・ジョンアは欧米のシンガーソングライターの作風に似た知的なポップス、イナルチは伝統音楽を取り入れたオルタナティブロック、チョン・ミラは 1970 年代フォーク風といった感じだ。

　KMAはジャンル別にも賞を与えており、とても興味深い。モダンロック、ヘヴィメタル、ハードコア、エレクトロニック、ヒップホップ、R&B、クロスオーバーなど、かなり細かく分類しており、その候補者もよほどのマニアでない限り初めて聞く名前ばかりである。

　こうした"ダンスポップとバラード以外"で活躍するアーティストのほとんどがインディーズ出身といわれている。ただし注意したいのは、日本の音楽シーンで使う「インディーズ」とは意味合いがかなり違うという点だ。

　日本の場合、明確な基準はないものの、日本レコード協会の正会員や賛助会員ではない会社から音源を出すと、インディーズと呼ばれるケースが多い。だが、韓国ではそういった分け方はない。個人的な見解ではあるが、テ

レビやラジオにひんぱんに出ないタイプで、なおかつ芸術性・音楽性の高いアーティストをインディーズ出身と判断しているようである。

　となると、日本の人たちが知らない魅力的な音楽が韓国にはまだまだあるとも考えられよう。本章では、韓国のインディーシーンで活躍するお薦めの個性派・実力派をいくつか紹介したい。この中から気に入った音を見つけ、Spotify や Apple Music といったサブスクリプションサービスで気軽に深掘りしていただけたら、紹介する立場としてはありがたいことこの上ない。

Crying Nut

パンクロックのメジャー化を推し進めた
熱い男たち

　1998年頃、韓国へ遊びに行ったときに、宿泊したホテル
のテレビでCrying Nut（クライングナット）の曲「馬を走らせ
よう」のプロモーションビデオがたまたま流れていた。

　撮影している場所は小さなライブハウス。10代が中心と
思われる客たちがすし詰め状態でヘッドバンギングやダイ
ブをしながら盛り上がっている。

　フロアタムによる重いリズムに導かれて、金髪の男性が
ギターをかきならしながら叫ぶように歌いだした。

　　黙れ！／歌えば忘れられるのか／愛したら愛されるの
　　か／金がたくさんあれば成功するのか！

　　黙れ！黙れ！／黙って俺の話を聞け／俺たちは走らな
　　ければならない／偽りと戦わなきゃ

　　　　　　　　　　　　　　　　　　　──「馬を走らせよう」

　曲が進むに連れてバンドのボルテージも上がっていく。最
初は「日本の人気バンド『ザ・ブルーハーツ』になんとな
く似ているな」と思って聴いていたが、テンポは徐々に速
くなっていき、彼らの体臭が画面からにおってくるような
荒々しい演奏に変わっていった。
「これが韓国のパンクロックなのか！」。全身に稲妻のよう
なものが走った。

　Crying Nutは1993年に結成。やがてインディーシーン
の聖地・ホンデ地区にあるライブハウス・DRUGの常連と
なり、1996年にリリースした前述の「馬を走らせよう」を
はじめとする数々のヒットで〝インディーズの顔〟となっ
たのである。

　振り返って見れば、このあたりが韓国インディーズの黎
明期だったのだ。当時は彼らの他にもNo Brain（ノーブレイ
ン）やLAZY BONE（レイジーボーン）など、生きのいいロッ
クバンドが数多く登場してシーンを刺激し続けた。同時に
音楽の幅もぐっと広がり、モダンロック（主にヘヴィメタルや
パンクロック以外のロックを指す）、ヒップホップ、エレクトロ
ニカなどをやるアーティストも目立つようになってくる。

　Crying Nutはあまりにも成功したために、今ではメジャー
扱いされることもしばしば。本人たちも心外だろう。だが、
売れても音楽的な冒険を忘れなかった点はもっと評価され
るべきだ。激しいビートにジャズや歌謡曲、ポルカなどを
ミックスして、より多くの層が共感できるパンクロックを
完成させたのは、韓国のインディーシーンにある「何でも
あり」の気風のおかげだと思う。

　2014年12月、大韓航空機に乗っていた同社副社長が機
内でのナッツの提供のしかたに怒って客室乗務員を叱り飛
ばし、さらに離陸寸前の飛行機を搭乗口まで戻してチーフ
パーサーを降ろした、通称「ナッツリターン」という事件
（？）が起きた。その2か月後にCrying Nutが久しぶりに開
いたライブのタイトルも「ナッツリターン（帰ってきたナッ
ト）」。これは痛快だった。

　彼ららしい"おちょくりの精神"は、結成してから20年
以上たっても健在であることを知り、嬉しく思ったのを今
でもはっきりと覚えている。

ソヌ・ジョンア ＆ The Barberettes

魔法が生まれるためにベストを尽くす

「私の音楽を聴いた人たちが少しでも楽しい気持ちになってくれたら嬉しいです。慰めや感動は、私が与えるわけではなくて、良い音楽とリスナーの間の魔法によるものだと思うんです。魔法を使って愉快で意欲あふれる世の中になってほしい。そのために少しでも助けになれたらという思いで音楽をやっています」

女性シンガーソングライターのソヌ・ジョンアは、「音楽を通じて伝えたいものは何か？」との問いに対してこのように答えている。魔法が生まれるためにベストを尽くす。それがすべてであることは、今まで作ってきたオリジナル曲を聴けば納得がいく。

彼女がソロシンガーとして正式に活動を始めたのは2006

年。かなりのベテランである。デビューアルバム『Masstige』
は自作曲が中心で、個性的な曲がいくつかあったものの、あ
りきたりなポップソングも入っている玉石混交の1枚だっ
た。

　期待したほどの評価を得られなかったせいか、以降はコ
ンポーザーとして裏方に。この時期があったからこそ、自
分が進むべき方向がはっきり見えたのだろう、満を持して
発表したセカンドアルバム『IT'S OKAY, DEAR』（2013年）
は、「やりたいのはこれだ！」といわんばかりの気合の入っ
た楽曲が多数収められている。

　作詞、作曲、編曲、歌、プログラミングなど、すべての
作業を自身で手掛けた同作は、ジャズのコードや70年代の
洋楽のエッセンスをさりげなく入れた玄人好みのポップス
ばかり。ゆったりとしたグルーヴはスワンプロック的で、各
楽器の温かい音色はキャロル・キングの名作『つづれおり』
に似た味わいがある。とはいえ、メジャー感はあまりなく、
むしろ退廃的なムードがうっすらと漂っているのがユニー
クなところだ。

　このアルバムで翌年の『韓国大衆音楽賞』の「今年の音楽人」と「最優秀ポップアルバム」を受賞したが、「長年の苦労が報われた」としみじみ思うこともなく、すぐに新たなサウンドカラーを模索し始める。イージーリスニングジャズ、ディスコファンク、グランジロックなど、新曲リリースのたびにスタイルは変わり、コラボレーションもピアニスト、アイドル、ロックシンガーなど相手を選ばない。

　人によっては「気になったものを手当たり次第やっているだけ」「個性がない」というかもしれない。だが冒頭のコメントの通り、本人は聴き手を幸せにしてくれる「魔法」を作りたい一心なのだ。それをわかるかどうかで、ソヌ・ジョンアに対する評価は変わってくる。

　彼女の曲の中でいちばん好きなのは、女性デュオのThe Barberettes（ザ・バーバレッツ）と共演した「チャート外で」（2018年）という曲だ。

　　ヒットチャートに入らなかった友達よ／成績は重要じゃない／元気に長く長く音楽しましょう／あやふやな数字の世界／抜け出して聴いてみて　　――「チャート外で」

　同曲の歌詞は実にソヌ・ジョンアらしい。売れる、売れないは関係ない。決まったスタイルも必要なし。とにかく息の長い活動が大切であり、自分の曲が支えになってくれる人が少しでもいたらそれだけで十分。このような考え方は、私たちの日々の生活にも当てはめることができる。

「周囲の声に惑わされるな」「継続は力なり」

　私たちが日常を生きていくためにも、結局はそれが重要なのだ。

空中泥棒

宅録アーティストが音の筆で描く抽象画

　空中泥棒は韓国のインディーシーンで最もエキサイティングなアーティストだ。特に洋楽を中心に聴く人には迷わず薦めたいアーティストの1人である。

　先に書いておくが、決してポップではない。不思議な音が入り乱れる抽象的なサウンドが基本であり、ジャンルとしてはフォークとエレクトロニカを合わせた「フォークトロニカ」に入るのだろうが、その枠からはみ出すようなところもあって的確な表現が見当たらない。
　彼に関する資料はそれほど多くないが、インタビュー記事などネットで公開されているものを丁寧にチェックしていくと、今のスタイルにたどりつくまでの経緯は大体わかった。

　高校生ぐらいまではよくいるタイプの音楽好きだったよ

うで、幼い頃はソテジやgodといった韓国のシンガーやグ
ループの曲を聴き、中学生のときはバンドを組んでWeezer
（ウィーザー）などをカバーしていたという。

　転機が訪れたのは高校2年か3年の頃。バンド活動をや
めて自宅にこもり、脳内で鳴っている音を引っ張り出して
コンピューターでレコーディングするようになる。いわゆ
る"宅録（自宅録音）アーティスト"になったのだ。
　現在のスタイルの基礎を築いたのは大学時代で、当時入っ
ていた電子音楽のサークルでいろいろな音を聴き学んだ経
験がフォークトロニカ的なサウンドメイクへの興味につな
がったらしい。

　彼はアーティスト名をよく変える。初期は「Hyoo（ヒュー）」
名義で音源を発表し、その後は「影共同体」「公衆道徳」と
名乗って活動していた時期もあった。母親のアイデアだっ
たり、ネットの検索で引っかかりやすくするためだったり
と動機は様々だが、とにかく自分の名前に何らかの意味を
持たせることを嫌う。

　生み出す曲も同様だ。アナログのミキサーやテープレコー

ダー、ときには語学学習用の電気機器などを駆使して完成したのは無国籍で幻想的な世界。エレクトロニックなサウンドエフェクトの洪水の中、ふんわりと浮かび上がるアコースティックギターの音色が意味ありげだが、実はそこには何のメッセージも含まれていない。

　公衆道徳で出した前作に「歌詞を知りたい」というリスナーの声が多かったことを受けて、空中泥棒名義の2018年リリース作『Crumbling』では、歌詞にクローズアップした作品を多数収録。だが、発する言葉はどれも記号的で、深読みされるのを拒絶する。
　それでも妙に気になるフレーズがところどころあるのはどうしてだろうか。『Crumbling』に収録されている曲「守護者」の歌詞は意味深だ。

　　よくわからない／眠っていたのか／起きているのか／
　　その間なのか／僕を巻き戻してくれ／目を閉じられるよ
　　うに
　　　　　　　　　　　　　　　　　——「Crumbling」

　生きることに対する不安を表現しているのだろうか。でも彼は笑っていうだろう。「何の意味もないんですよ」と。

チャン・ギハと
顔たち

古き良き時代の韓国ロックをリメイク

　この章で扱うアーティストの中では唯一解散してしまっているが、韓国のインディーズ史に大きな足跡を残したバンドであるゆえに、やはり触れないわけにはいかない。

　チャン・ギハと顔たちは、2008年に登場したバンドだ。同時期にリーダー兼コンポーザーのチャン・ギハがソロ名義で出したシングル「安物のコーヒー」が、インディーズとしては異例のヒットを記録。翌年2月にリリースしたバンドのデビューアルバムも4万枚以上を売り上げ、大きな話題に。あまりの人気ぶりに、韓国の大手新聞社・中央日報が「チャン・ギハ（と顔たち）を知らなければ、最近のニュースに暗いのだ」と書いたほどである。

　彼らが得意とするのは、1970年代から1980年代にかけ

ての韓国のロックをリメイクしたサウンドだ。アジア的情緒がたっぷり染みこんだ歌唱と、フォークやブルース、ロックが渾然一体となった骨太な演奏が最大の特徴といえば少しはわかってもらえるだろうか。その独特の味わいは、ダンスポップがヒットチャートの常連となった1990年代以降は忘れ去られてしまったものの、チャン・ギハと顔たちによって突如復活。老若男女が「自分たちの国にもこんなにいい音楽があったんだ！」とその音に飛びついた。

とはいえ、単なる懐古趣味ではない。ニューウェーブなどの要素も加え自分なりのスタイルを作ったことも評価すべき点で、デビュー作ではトーキング・ヘッズのような鋭いギターカッティングを響かせ、2枚目のアルバムでは初期XTCを思わせるチープなオルガンの音を入れて独自の音に仕上げるなど、常にマニアックに攻めている。

歌詞も独自性があって面白い。どんよりとした気分の男の日常を歌った前述の「安物のコーヒー」は、このようなフレーズが曲の最後に登場する。

　　いつ開けたかもわからない生ぬるいコーラが入った缶

を口に当ててひと口／しまった、タバコの吸いがらが
／もう敷物が俺なのか、俺が敷物なのかもわからない
／太陽が昇りもしないうちに沈むこの状況は何なんだ
——「安物のコーヒー」

　日記のような淡々とした文章からにじみ出る不安感や虚
無感。実はこうした歌詞の雰囲気も古き良き時代の韓国ロッ
クと似ているのだ。

　韓国は、歌の内容を制作段階で審査する制度を長く続け
てきた。1980年代頃までは相当厳しかったようで、「大衆
芸術の頽廃性も国家安保に至大な影響を及ぼすことがある」
（佐藤邦夫著、草風館刊『気分はソウル 韓国歌謡大全』より）との観
点から多くの作品が禁止になったという。当時の歌手たち
は国の審査に引っかからないようにストレートなメッセー
ジを避け、ダブルミーニングや比喩的な表現を使った。チャ
ン・ギハはそこにも美学を感じ、自分の作風に取り入れて
いるのだ。

　残念ながらバンドは2018年末に活動を終えてしまったが、
いまだに後継者と呼べる存在が出てきていない。

シリカゲル

目 と 耳 を 刺 激 す る コ ン テ ン ポ ラ リ ー ア ー ト

　このバンドの名前はとりあえず覚えておいて損はないと思う。おそらく日本でも彼らのクセのあるサウンドに注目するリスナーやアーティストが今後増えてくるはずだ。

　シリカゲルはアートの祭典『ピョンチャンビエンナーレ』の展示のために集まった若者たちを中心に2013年結成。そのような経緯のせいか、芸術的な要素を大切にしているようで、活動を始めた頃は、ギター、ベース、ドラム、キーボードといったロックバンドの基本に、ふたりのVJ（ビデオジョッキー／ビジュアルジョッキー）を加えた編成であり、ライブでは曲の雰囲気に合わせてインパクトのある映像を流していたようだ。

　サイケデリックロック、ポストロック、エレポップ、ネオガレージ、ヒップホップなどを融合した浮遊感のあるサ

ウンドは、正直にいえば欧米のインディーシーンでも見つ
けられそうである。にもかかわらず、韓国の音楽ジャーナ
リストやリスナーが高く評価するのは、アジア地域らしい
湿り気もたっぷり含んでいる点だろう。しかしバンド名は
日本語にすると「防湿剤」。こういう皮肉めいたネーミング
も彼らのセンスの良さを感じさせる。

「僕たちの両親の世代は、いい大学に行っていい暮らしを
することがスタンダードだから、ミュージシャンをやって
いくには相当な金と覚悟がなくちゃダメだ」(『OTOTOY／岡
村詩野音楽ライター講座』2019年8月30日付の記事より)

　オリジナルメンバーのキム・ミンス(後に脱退)はかつて
このように語っていたそうだ。どの曲も愉快さよりも緊張
感のほうが勝っているのは、プロの世界でちゃんと成功す
ることを真面目に考えているからだと思われる。
　バンドは2015年に音源デビューして以来、順調に作品を
リリース。その後メンバーの兵役による活動休止を経て、
2020年より4人編成で再スタートを切っている。

　エッジの利いた音が詰まった曲ばかりなので、どれも聴

いてほしいものの、あえて1曲となると、彼らの魅力の1つ
であるミュージックビデオ（MV）も素晴らしい「NEO
SOUL」（2017年）をお薦めしたい。

> 人々は知っている／誰が光るのか、光らないのか／軽
> やかに夜の舞台／道に迷って君を探すよ　──「NEO
> SOUL」

　歌詞はとても抽象的だ。楽しいひとときを過ごしてもふ
と不安になったり、人間不信になったりと、生きていれば
必ず起きる精神的な"揺れ"を見事に表現した曲だと個人
的には解釈している。ギターやシンセサイザーによる幻想
的な音もそんな歌詞の世界にぴったりだ。

　ちなみに同曲のMVは、某ダウンロードサイトでは後半
部分の映像をカットしたまま販売している。どうやら若者
たちがリレー形式で口づけを交わすシーンを気にしたらし
い。男性と女性、男性同士、女性同士と続いていくキスは、
人とつながる喜びや大切さを伝えたいがための演出であり、
サウンドのテイストにも合っているだけに残念でならない。

屋 上 月 光

飾 り 気 の な い 美 し さ で 魅 了 す る 女 性 デ ュ オ

　ポール・マッカートニー、カーペンターズ、バート・バカラック──。このあたりの洋楽アーティストの名前を聞いて「大好き」と答える人であれば、韓国の女性デュオ・屋上月光（オクサンダルビッ）の曲を是非一度聴いてほしい。

　彼女たちは2010年にデビュー。ハートウォーミングな楽曲ですぐに注目を浴びるようになり、インディーズ出身ながら1500人規模のライブ会場を満杯にするほどの人気を誇る。また『パスタ ～恋が出来るまで～』や『あなたを愛してます』といった人気テレビドラマのオリジナルサウンドトラックにも参加しているせいか、日本でもファンは多い。

　これまでに放ったヒット曲は数知れず。ソングライティングの才能があり、ビートルズを聴いて育ったような世代にとっては懐かしく響き、若い世代は温かく包み込んでく

れるような気持ちになるメロディが最大のセールスポイントになっている。

　近年の韓国インディーズ界隈は何かとレトロなサウンドがもてはやされる傾向が強い。だが一方で屋上月光のようなイージーリスニング系のポップスも長い間支持されており、トレンドがどんなに移り変わろうとも人気が衰えることはない。

　等身大の言葉でつづるメッセージも支持を集める理由の1つだ。

　　今日だけはそばにいて／何の言葉も要らないからそのまま／何かを慰めようと悩まないで／本当に大丈夫、ありがとう／それだけでも十分（本当だよ）

　　　　　　　　　　　　　　　　　　　——「大丈夫です」

　これは2013年に発表した曲「大丈夫です」の一節である。リラックスしたムードで歌うメンバーがとにかく素敵だが、バックの演奏も「がんばれ！」と力強く応援するわけではなく、傷付いた人に寄り添うような優しさにあふれているのが心地よい。

　屋上月光は過去に何度か来日してライブを行っている。私はそのたびに取材をしているのだが、いつも丁寧に対応してくれるのが嬉しかった。

　ふたりとも話し方がナチュラルだ。所属事務所に遠慮して言葉を選ぶという風ではなく、しゃべりたいことを普通にしゃべっているだけに見える。それはインタビューの席でもステージ上でも変わらない。

「飾り気のない美しさ」といえばいいのだろうか。ボーカル、曲作り、トーク、ファッションなど、彼女たちのすべてにこの表現が当てはまる。

　デュオを結成したとき、これといった目標を持っていなかったそうだ。とにかく長く続けられたらいい、それだけだったという。ほとんど欲がないところも屋上月光らしい。

　ファンは女性が圧倒的に多いようだ。以前そのことについて尋ねたとき、日本語で「(男性ファンは) 少し！」と答えたふたりの茶目っ気のある笑顔が今でも忘れられない。

ＡＤＯＹ
新しい潮流を作るべくベテランが集結

　ライター活動を20年以上やっていると、いろいろな仕事が舞い込んでくる。大抵はアーティストのインタビューやコンサートレポート、新譜のレビューなどだが、ごくたまに変わったオーダーがあってとまどうことがある。今まででいちばんびっくりしたのは、「男性目線で選んだ韓国インディーズのイケメンについて書いてほしい」という依頼だ。

　K-POPアイドルであれば正直いくらでもいる。だが、韓国のインディーズで探せとなるとどうだろうか。なにしろ顔写真を公開していないアーティストが結構多く、すぐに思いつく感じではない。

　しかしそこはプロ。気合で調べていくと、男性が見てもかっこいい男性（ボーイクラッシュ？）を何人か発見できた。中でも顔も音もダントツでかっこよかったのが、男女4人組・ＡＤＯＹ（アドイ）を率いるオ・ジュファンである。

　このバンドがデビューしたのは2017年と、それほどたっていないが、メンバーは過去に別のバンドやセッションで活躍してきたツワモノぞろい。オ・ジュファンも以前はオルタナティブロックバンド・イースタンサイドキックのボーカリストだった。

　彼は同バンドの活動に限界を感じて、新しいバンドの構想を練り始める。そこでひらめいたのが"コマーシャルインディー"なるコンセプトだ。大衆性をアピールしながらもインディーズならではの独創性を忘れない、そんなスタイルに挑戦しようと決意し、ADOYを始動させる。

　では具体的にはどんな音をやるのか。シンセサイザーがメイン楽器で、ジャンルとしてはシンセポップ／エレポップに近いだろう。だがその枠に収まらずにニューウェーブやフォーク、シティポップなどの雰囲気も混ぜ合わせ、独自の世界観を作り出している。

　とりあえず1曲聴いてみたい人は、「Young」（2018年）をお薦めしたい。

夢なのかどうか、今はわからないけれど／まだ行って
みたことがない場所にあなたを連れていきます

――「Young」

　そんなロマンチックな歌詞は、自分たちのファン層である20〜30代の女性に向けて作ったそうだ。さらにバーや喫茶店のBGMになるような耳当たりのいいサウンドメイクを意識したという。

　狙いは当たった。かつて所属していたバンドよりもイベントやライブに出演する機会が増え、音源の販売数も結成当初の目標を達成。海外での評価もうなぎ登りだ。

　となると順調かといえば、実際はそうでもない。2020年はメディアの露出が減り、音源リリースもゼロ。ライブはやっているようだが、以前ほど活発ではない。

　コロナ禍でテンションが下がってしまったのではないかと、とても心配している。だが、ここからが正念場だ。インディーズ出身のプライドを失わずに商業的な成功を手に入れること。ADOYであれば絶対できると信じている。だから彼らに「ファイティン！」と声をかけずにはいられないのだ。

今ここで息が止まっても

後悔なんてしない

—— PEPPERTONES「Ready, Get Set, Go!」

PEPPERTONES
日本でも愛される"韓国の渋谷系"バンド

　ここまで偉そうなことをだらだらと書いてきたが、自分を日本のK-POPライターの第一人者だとは決して思っていない。いや、本当はそう思いたいのだが（笑）、実力やセンスのある人が次々と登場して、そのたびに嫉妬して落ち込んでいるのが実情である。

　特に「かなわないなあ」と思うのが、韓国大衆文化ジャーナリストの古家正亨さんだ。ご存じの通り、K-POPに関して彼以上の知識を持っている人は日本では他に見当たらない。

　恥ずかしい話だが、私は一時期、韓国のインディーズだけは古家さんに負けていないと自負していた時期があった。だが現地へ行って取材してみると——。

　某インディーズミュージシャン「日本人で取材してくれ

たのはあなたが2番目です」

　私「最初に取材した日本人は誰ですか？」

　某インディーズミュージシャン「フルヤマサユキさんです」

　このやりとりを何度したことか。古家さんは売れる・売れないにかかわらず、気に入ったらすぐに取材する"ジャーナリストの手本"だ。

　敗北感を強く味わったのは、男性デュオ・PEPPER TONES（ペッパートーンズ）を2005年にインタビューしたときである。このときも「フルヤさんが…」というメンバーのコメントがあったのだが、彼らは当時、デビューして2年目。韓国でも知る人ぞ知る存在だったので、「え、もう取材しちゃったの？」と白旗を上げてしまった。

　PEPPERTONESが奏でる音はフレッシュだった。欧米のギターポップや日本のアニメソングからの影響を感じさせるものの、韓国の若者の今の気分がしっかりと織り込まれていることに韓国インディーズの明るい未来を感じて、とにかく感動したのである。

　出世作「Ready, Get Set, Go!」（2005年）では、パワフルな
フレーズがずらりと並ぶ。

　　私に与えられた、たった一度の機会は今

　　今ここで息が止まっても後悔なんてしない
　　　　　　　　　　　　　——「Ready, Get Set, Go!」

　日本以上の学歴社会で男女格差も歴然とある韓国。そん
な息苦しい世の中を「迷わず突き抜けろ」と背中を押す彼
ら。このような韓国の頼もしい音楽に出会った喜びと衝撃
を日本のリスナーにいち早く届けたいとの気持ちは、私も
古家さんも同じだったということだ。

　日本では1990年代に“渋谷系”と呼ばれるものが流行し
た。古き良き時代のソウルミュージックやソフトロック、
イージーリスニングなどの「おいしい部分」をコラージュ
したお洒落なサウンドをそう呼んだと個人的には考えてい
るが、PEPPERTONESも結成後しばらくの間は同じ方向へ
進むグループだったと思う。

それゆえに彼らを“韓国の渋谷系”と呼ぶ人もいるが、当
の本人たちは勝手にカテゴライズされるのを嫌がったのか、
近年は別の道を歩んでいる。

　周囲の期待通りにやりたくない、そんなひねくれたところ
ろも惹かれた理由の1つかもしれない。韓国インディーズ
界きっての個性派。今後もしっかり応援したいと思う。

おわりに
K-POPの勢いに魅せられて

　K-POPで初めて「生のステージを観たい！」と熱望した
のが、オム・ジョンファという女性アーティストである。今
から四半世紀近く前、1990年代後半のことだ。

　彼女はセクシー歌手として人気を集め、出す曲すべてが
大ヒット。ならば艶めかしい歌ばかりなのだろうと聴いて
みると、淫靡な雰囲気はほとんどなくて、むしろ突き抜け
た明るさがあるサウンドと歌詞が多く、そのギャップが新
鮮だった。

　東京・新宿の職安通りでよく買っていた韓国のアイドル
雑誌にもオム・ジョンファはいつも載っていた。だがグラ
ビアページで見る彼女は健康的な女性といった印象で、セク
シーとはいい難い。

　本物を確かめたい気持ちはどんどん強くなっていった。そ
して1999年12月、いてもたってもいられずに韓国・プサン
へ。目的はもちろん、オム・ジョンファの単独コンサー
トを観ることだ。

　ハングルを読めなかった当時の私は、事前にプサンの日本人専門旅行代理店にチケット手配を依頼し、現地で受け取ることに。待ち合わせに現れたスタッフは「コンサート会場まで送って差し上げます」と、とても親切な対応で感激したのを今でもはっきり覚えている。

　会場へ向かう車の中ではいろいろと質問された。「オム・ジョンファは日本で有名なのか？」「どこが魅力なのか？」「韓国の音楽をわざわざ聴く理由は何なのか？」。自分の国の歌手目当てに来る日本人がめずらしかったのだ。だから思わずたくさん聞いてしまったのだろう。

　コンサート会場に到着するやいなや、グッズ売り場へ。下手クソな英語で「ペンライトが欲しい」と話すと、窓口の女性が「日本人だ！」と大喜び。片言の日本語と英語で使い方を一生懸命説明してくれた。

　指定された席に座ってあたりを見回すと、男性客はそこそこで、意外にも若い女性が目立つ。「そうか、憧れのお姉さんとして人気があるのか」と、ようやく理解できたわけである。

　コンサートが始まると観客はすぐにヒートアップ。パイプ椅子席を足で蹴飛ばしながら舞台に近づいていくファンクラブ会員たち。なのに、監視員は見て見ぬふりだ。

　ステージの中盤では、女性ファンがオム・ジョンファに地元の方言で話しかけるなどしてアットホームな雰囲気となり、歌と演奏はしばし中断。それでも監視員は何もしないという状況を目の当たりにして、「外国へ来たんだなあ」との思いが増したのである。

　飛行機ですぐに行ける国なのに、日本とまったく違う音楽文化が存在する事実に驚き、帰国後にその面白さを友人や知人に話したものの、好意的な反応はなし。「日本より遅れているからねえ」といった冷ややかなコメントの嵐だった。

「遅れている」。当時の日本の人たちは韓国に関しては何でもこの言葉で片付けていたような気がする。このままではだめだ――。そんな思いがこみあげてきた私は、良いものに優劣はないことを訴えたいがために、いつの間にかK-POPを紹介する記事を熱心に書くようになったのだ。

　あれからかなりの年月が過ぎた。隣国の音楽を「遅れている」と思う日本人は皆無に等しい。ライターを始めたときの目標はほぼ達成しているといえそうだ。しかしながらいまだにK-POPを愛し続け、関連の記事を書かずにはいられない。

　なぜだろうか。それはひとえに「人生は一度きりだから

思いっきりやってしまおう」という K-POP の勢いに魅せられているからなのだと思う。

　マーケットが小さいために普通にやっていては成功しない国ならではの発想ともいえそうだが、あの手この手を使って思惑通りになったり、逆にとんでもない結果になったりと落差の激しい K-POP シーンは、参考になることや反面教師とすることが多い。この人間臭い世界がある限り、死ぬまで追い続けるに違いない。

　最後になるが、的確なアドバイスで助けてくれた編集担当の黒田千穂さん（イースト・プレス）、本書の出版につながるご縁を作ってくれたコリアンフードコラムニストの八田靖史さん、ステキなイラストを描いてくださった赤さん、そして20年以上も好きな音楽を中心に生きてきた私を許してくれた妻と子供たちに感謝の言葉を述べたいと思う。

　カムサハムニダ！

2021年4月

まつもとたくお

まつもとたくお

音楽ライター。ニックネームはK-POP番長。日本ポピュラー音楽学会員。1997年に韓国のポップスに夢中になったことから、その道のエキスパートになることを決意。『ミュージック・マガジン』や『ワッツイン』などの専門誌を中心に寄稿し、これまでにBIGBANG、KARA、Apinkといった韓国勢から、フィッシュ・リョン（台湾）、シーラ・マジッド（マレーシア）、ディック・リー（シンガポール）までインタビューを手掛ける。2012年に大人向けのK-POP専門レーベル「バンチョーレコード」を設立。最近では『ジャズ批評』と『韓流ぴあ』での連載やLOVE FM『Departure Lounge』のレギュラー出演なども。著書は『K-POP番長の好き好きKガールズ・ディスクガイド2014-2015』（A-link）ほか。

K-POPはいつも壁_{かべ}をのりこえてきたし、
名曲_{めいきょく}がわたしたちに力_{ちから}をくれた

2021年5月26日　初版第1刷発行

著者	まつもとたくお
装丁	山田知子（chichols）
絵	赤
校正	内田翔
DTP	小林寛子
企画編集	黒田千穂
発行人	北畠夏影
発行所	株式会社イースト・プレス
	〒101-0051 東京都千代田区神田神保町2-4-7 久月神田ビル
	Tel.03-5213-4700 Fax.03-5213-4701
	https://www.eastpress.co.jp
印刷所	中央精版印刷株式会社